沖繩 南國散策

おきなわだいすき

在地秘境 ✕ 海島慢活風格、
一訪再訪的自遊休日提案。

走吧！來去沖繩旅遊、自由行！

　　身為一個每年不跑兩次以上不舒服的沖繩のマニアック（Okinawa Maniac），很難用簡單的話語，告訴你沖繩到底是個多有趣的地方。也很難跟你解釋，為什麼只要飛機一在那霸機場落地，嘴角就忍不住抹上一絲淡淡地微笑。

　　因為同樣熱愛沖繩，認識了焦糖和她尪，我們最常聊的，是沖繩的人、沖繩的故事，和對沖繩的愛。也因為我們都在臉書經營粉專，我還是日旅社團的管理員，常會發現，很多人把沖繩，當成是「日本的一部分」。

　　其實，沖繩雖然講日文、寫日文，但，它不是日本。它，就是沖繩。跟日本有著不同的歷史、不同的文化、不同的語言、不同的生活習慣。

　　我曾經和很多朋友說過，市面上的旅遊書有兩種，一種，是讓你可以按圖索驥，解決你的旅遊行程問題。另外一種，則是讓你可以身歷其境，體會作者的切身感受。焦糖這本書，是第一種；她的 blog，是第二種。

　　如果你從來沒去過沖繩，這本書可以幫你開啟一扇大門，讓你超越很多「純觀光客」，發現沖繩的美、沖繩的樂趣；甚至幫你解決第一次到沖繩自由行，一些形形色色的細節問題。

　　當你／妳和我們一樣也愛上沖繩，甚至也變成了沖繩のマニアック，那麼，你會發現，沖繩有種魔力，日日夜夜不斷地召喚你的靈魂，讓你想常常回到那片土地，或者在自己的家鄉，活得更像一個沖繩人。

臉書社團「走吧！來去日本旅遊、自由行」管理員

張志康

沖繩好朋友

「為何想要出沖繩第二本書？」

對於沖繩，說不上緣由的，總感覺有份使命。那是一種深怕許多人沒有看見它的好的使命。總希望盡自己的力量，透過一張照片、一段文字，一間小店背後的故事，提供給未出發、準備在路上，或者像我們這種沖繩上癮，每年要回沖繩就像回家一般的迷戀者，傳遞著更多那我在海島沖繩中感受到的一切，尤其是人與人之間的風景。

這不是一本旅遊書，沒有告訴你一定要前往哪裡、要怎麼走，旅行，不就是要打破朝九晚五，擺脫每天生活，就像是在生產線上那被制約的感受嗎？因此，這本書比較像是我親筆走訪過後，寫下每個當下真實感受，以及與店主互動後的店舖介紹，將這些整理寫給正在閱讀的你們。起初，我以為是為了廣大的讀者開啟了試圖去理解每間店、每位店主背後故事的雷達，而現在我才發現，原來我也是在這樣的過程中，找到了那內心許久沒有對話的自己。

在這次收錄的不少店舖中，發現了一個有趣的共同現象，許多在沖繩開設店舖的店主，本身都並非沖繩人，問起他們那為何選擇要來沖繩定居，並且落地生根，第一時間大家都直覺回答，「因為我喜歡海，熱愛海洋，日本原來繁忙的工作與生活步調，讓我找不到生活的重心，直到來到了沖繩，我感受原來這才是我想要的理想生活樣貌，隨手可得清透的藍天白雲，無邊無際的海岸線綿延在每個早晨起床的視線裡，怎麼能不愛上沖繩呢？而且在沖繩，人與人之間心的互動相當溫暖，在這裡實在很容易感受到快樂。」

這份感受，怎麼那麼似曾相識？

我們不都是為了這樣的一番感受，一訪再訪沖繩嗎？

這就是我想寫下第二本書的原因。

最後，延續我一貫喜歡寫些旅途中感受到的短句，

送給正在閱讀這本書，同時也努力閱讀這個世界的你。

旅行，是人生的延伸，一直走的我們才發現，

原來路有這麼長，世界有這麼大。

快樂，是一種選擇；生活，是一種選擇；旅行與自己的人生，也是。

而真正的世界有多大，在於你選擇讓它有多大。

你選擇好出走尋找自己人生最理想的生活樣貌了嗎？我，持續在路上。

焦糖熱一點

Sweet
Okinawa

ABOUT OKINAWA

關於
沖繩

沖繩旅遊須知

如何前往**沖繩**

│ 搭乘飛機 │

　　從台灣前往沖繩，目前有搭乘飛機或郵輪兩種方式。國內幾間主要航空公司，如華航、長榮、虎航，以及日籍廉價航空樂桃、香草航空，皆有航班往返台北到那霸，直飛約 90 分鐘，航班時間視不同航空公司而定，像華航就提供早上以及傍晚往返兩個航班，各有優缺點，早上出發的航班，約在日本時間中午前抵達，遊客一抵達沖繩就可以展開一整天的活動；如果選擇搭乘晚間時段的班機，抵達時間約為當地 8 點，這時可以選擇先放鬆的睡一

晚好覺，睡前找間有趣的居酒屋，舒服的喝一杯啤酒，隔天精力充沛的展開一天旅程。除了透過航空公司購買機票之外，對於初訪沖繩者我們非常推薦購買航空公司的機加酒行程，多半航空公司所配合的飯店都有一定的品質，如果遇到淡季或者旅展促銷，組合的價位有機會比分開訂機票與飯店來得便宜，如果想要體驗在地民宿或者其他特色旅館，就建議透過住房網站選擇與比價，訂房前，也別忘記查詢是否有信用卡優惠或紅利可以折抵金額。

那霸機場

那霸機場分為「國內線」、「國際線」、以及「LCC 航空樓」三棟航站。由台灣前往沖繩，如果是搭乘華航、長榮、虎航等，遊客會在國際線航站出入境，步行約 5 分鐘即會抵達國內線航站，可以轉乘前往市區的計程車、巴士、單軌電車。值得一提的是沖繩的國內線航站非常熱鬧，如果想在離開沖繩前把手中的日幣花光，可以預留一些時間到國內線航站晃晃。如果是搭乘樂桃或香草航空前往沖繩，出入境的地點會在 LCC 航空樓，前往 LCC 航空樓的交通限制比較多，不論是離開或是進入航站，皆須搭乘接駁車，回程要在那霸機場國內線航站樓一樓四號巴士站台乘坐免費巴士，整段車程約 10 分鐘，特別是回程上的時間安排要特別注意。

搭乘郵輪

麗星郵輪、公主郵輪都有提供從基隆出發，前往石垣島、沖繩的航線，搭乘郵輪跟一般航空自由行的玩法其實完全不同，抵達沖繩或是石垣島約莫當地早上 8 點，一般來說下午 5 點就必須回到船上，啟航前往下一個航點，搭乘郵輪主要是享受郵輪上所提供的各式各樣娛樂設施，如電影院、游泳池、SPA、美食餐廳等，而本書中所介紹的沖繩各個景點，只要是距離那霸市區太遠的地方都不建議前往，以免趕不上船期。所以在選擇航空自由行或是郵輪假期前，要先思考去沖繩的目的是什麼，免得掃了遊興喔。

如何前往市區

搭乘計程車

沖繩計程車起跳 550 日圓，每次跳錶 70 日圓，約 370 公尺會跳錶一次。從機場前往那霸市區，車程約 15 至 20 分鐘，費用約 1400 日圓，前往其他地區也可以上計程車車資網站得到預估的金額（https://jp.taxideco.net/zh-tw）。由於沖繩的道路並不寬闊，在上下班交通尖峰時段容易塞車，如果要利用計程車趕回程航班，務必要預留時間，以免遇上塞車而趕不上飛機。

| 搭乘巴士 |

由機場前往那霸市區，除了前面介紹的計程車、單軌列車之外，搭乘公車也是另一種選擇，由於班次不像大都市那麼密集，建議出發前先上沖繩公車交通網（http://routefinder-okinawa.com/route_search?Lang=zh-tw）確認時刻表比較保險，

除了市區公車之外，沒有租車的朋友，如果要前往宜野灣、恩納、名護等地區的特定飯店入住，可以選擇搭乘利木津巴士接駁飯店與機場，省去轉車所浪費的時間，非常方便。

 利木津巴士

 沖繩公車交通網

| 搭乘單軌電車 |

從機場進入那霸市區，最方便的方式首推搭乘單軌列車，國內線航站二樓與單軌電車「那霸空港站」相連，可以依據飯店位置選擇

鄰近的站別下車，距離國際通最近的三個捷運站分別是「牧志站」、「美榮橋站」與「縣廳前站」。

沖繩**都市單軌電車（Yui-Rail）**

如果沒有租車的朋友，建議好好利用沖繩境內的單軌電車，以「那霸機場」為起點，「首里站」為終點，其中「那霸機場站」是日本最西的電車站，「赤嶺站」則是日本最南的電車站，站方也有特地設立紀念牌供大家拍照打卡呢！特別有趣的一點是，單軌電車進站時，每個站別都有專屬的抵達音樂，有興趣的人可以

仔細聆聽喔。票則提供一日（24 小時）、二日（48 小時）以及單程票，單程票可以透過售票機器購買，一日或多日票則需要向櫃台購買。一日大人 700 日圓、兒童 350 日圓，二日大人 1200 日圓、兒童 600 日圓。

住宿選擇

除了前面所提到的航空公司機加酒行程，booking.com、agoda.com.tw 等訂房平台提供了各式各樣的選擇，也可以透過 airbnb，現在也多了一個平台，RELUX Relux 是嚴選高滿意度日本高級飯店、溫泉旅館訂房網站。網站所介紹的飯店、旅館皆是通過 Relux 審查委員會嚴格審查後才予以刊登，將真心推薦的設施給顧客，從而打造一個舒適滿意的旅遊，不同於 agoda 與 booking，透過 Relux 精選的高級飯店，提供會員更為貼心的訂房服務，不定期也會推出折扣與相關優惠，成為日本住宿的另一種選擇，建議可以加入會員以獲得更多優惠資訊。

讀者優惠碼：IP_URTCR

只要透過連結註冊並輸入優惠碼 IP_URTCR，註冊完成後就可以使用 5,000 日圓優惠券。如何折抵請參考以下；Relux 優惠券的使用方法請參考官網（goo.gl/HyLDp3）。

行李準備

1. 航空公司、旅行社或者自行透過訂房網站的機票、訂房確認收據列印成紙本隨身攜帶，或者利用手機翻拍存檔，以便飯店或旅舍臨時需要再度確認資料使用。
2. 沖繩的旅遊季節集中在 4 月到 10 月，尤其是 6 月到 8 月平均高溫都約達 30 度，美麗的海灘總是吸引遊客來到沖繩的最大因素，因此建議要攜帶防曬用品。
3. 記得預留一半的行李空間放置採買的藥妝、Outlet，以及伴手禮特產等，基本上在日本本島買得到的藥妝、電器等，沖繩多半都能買得到。
4. 薄外套、雨傘、購物袋、太陽眼鏡、感冒藥、維他命、藥膏、生理用品等。

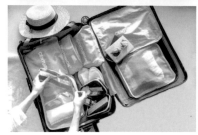

CENTURION 行李箱

氣候

沖繩氣候溫度起伏與台灣相差不遠，如果想要前往沖繩旅行卻又怕熱的朋友，建議 4 月、5 月，或者 9 月出發；喜歡曬日光浴的朋友，當然就建議 5 月至 8 月都可以前往囉！

另外，大部分沖繩的海灘會在 10 月或 11 月關閉，直到隔年 3 月或 4 月才會再度開放，行程規劃上要特別注意，才不會被拒於門外喔。

沖繩全年月份平均氣溫
- 1、2 月平均溫度 14~19 度
- 3、4 月平均溫度 17~20 度
- 5、6 月平均溫度 23~28 度
- 7、8 月平均溫度 28~30 度
- 9、10 月平均溫度 25~27 度
- 11、12 月平均溫度 18~23 度

時差

沖繩與台灣的時差為 1 個小時。舉例台灣上午 9 點，沖繩則是上午 10 點。

電壓

日本電壓為 100 伏特，平行兩孔插座。從台灣攜帶的電器不需要額外的轉接插頭即可使用。

台灣駐日本經濟文化辦事處 **那霸分處**

台灣在沖繩設有辦事處，如果在沖繩遇到需要急難救助時，請記得利用以下資訊：

館址 ／ 沖繩縣那霸市久茂地 3-15-9 6 樓（P.247）

MAPCODE ／ 33 157 421*54

電話 ／ +86-8198-8627-008

E-mail ／ teco-oka@ryukyu.ne.jp

緊急聯絡電話 ／ 002-8190-19421107（專供緊急求助之用）

上班時間 ／ 週一至週五 9:00~12:00、13:00~18:00

領務（護照、簽證、文件驗證）受理時間 ／

週一至週五 9:00~11:30、13:00~17:30

情報**參考網站**

| 食べログ |

中文版 tabelog.com/tw

日文版 tabelog.com

　　吃膩了所謂的網路推薦名店？那就一定要拜訪 tableog ！這個網站集結日本全國各式各樣美食，從壽司、拉麵、生魚片、咖啡廳、甜點，甚至東南亞料理等樣樣俱全，收集由日本網友提供的真實評價與食物照片，而且地址、電話、營業時間等店家資訊都非常完整，甚至連費用區間都有。除了可以品嚐日本當地人喜歡的口味之外，也可以透過這個網站找到很多只有當地人知道的隱藏美食店家，還有一點異地冒險的挑戰成分，真的很有趣。目前網站有中文版和日文版可供選擇，由於日文版網站集結較多店家，而且網站資訊簡單易懂，不妨可以試著從日文版網站搜尋瀏覽喔！個人經驗而言，評價超過 3.5 分以上的店家選項，都可以算是超級推薦等級的店家喔！

沖繩租車自駕介紹

藍天之下馳騁遨遊 自駕是沖繩最大的魅力

慢活而自在，是沖繩這個熱情南國最吸引人的地方，在藍天白雲之下的異國，悠閒的開著車，略帶著鹹味的南國海風迎面而來，熱門的觀光景點、隱藏在街巷內的神秘小店、一望無際的湛藍海岸，想去就去，說走就走！沖繩自由行以及租車自駕，是能夠徹底了解這座小島的最佳選擇，相信你一定會愛上！

沖繩租車第一步 台灣駕照正本以及日文譯本

在日本租車真的很簡單，取車時，只要準備台灣駕照正本以及日文譯本就可以了，日文譯本請前往監理所申請，很多人以為日本租車需要國際駕照，這是錯誤的觀念，只有國際駕照在日本無法租車。台灣駕照正本以及日文譯本少了任何一份文件，都將無法取車，因為日本當地執法非常嚴格，一旦駕駛者被警察發現證件不足，租車公司都會連帶

受罰，所以租車公司會很嚴格檢查證件，出發前請務必檢查證件是否帶齊。

忘記帶日文譯本怎麼辦？

攜帶台灣駕照正本到「台北駐日經濟文化辦事處」補辦。

館址 ／ 沖繩縣那霸市久茂地 3-15-9, 6 樓（P.247）

MAPCODE ／ 33 157 421*54

電話 ／ +86-8198-8627-008

領務（護照、簽證、文件驗證）受理時間 ／

週一至週五 9:00~11:30、13:00~17:30

日本租車**保險制度**

租車時，萬一遇到交通事故，保險會扮演相當重要的角色。首先是強制保險，這項費用已經包括在租車的基本費用裡，當發生意外的時候，保險公司會賠償一定額度的醫藥費以及財物損失，而駕駛者需要負擔超過這個額度的部分。

除了強制保險之外，在租車的時候，基本上租車公司會詢問是否要購買兩種保險（建議可以主動洽詢），第一種是免責補償 Collision Damage Waiver（CDW），當事故發生的時候，駕駛者仍必須對第三者的財物損失，以及出租車輛的損毀各自負擔最高 2 ～ 5 萬日圓的費用，免責補償的保險會負擔此項賠償，第二種則是安心保險（有些公司稱為安心ワイド補償），駕駛者還必須賠償營業所因為事故而無法營業的費用，稱作營業損失賠償 Non-Operation Charges（NOC），安心保險就是在免除 NOC 的賠償。不過要注意的是一旦發生事故，租車公司必須將事故車回廠維修，並不

會再提供代步車給遊客，等同於遊客還要再多付出一筆費用重新租車，因此，也有租車公司推出了豪華安心險，可以負擔因為事故而造成的額外租車費用，並完全免去 NOC 的駕駛自付額，可以說是完全免除了駕駛者的保險顧慮，當然另一方面也需負擔更高額的保費。

不論是免責補償、安心保險或者是豪華安心險都是額外支出的項目，有些租車公司會把這幾項直接算在租車的費用裡，在比較租車公司的報價時要特別注意。至於購買與否，建議在預算許可的情況之下盡可能投保，畢竟出國就要好好玩，如果因為發生事故，又要負擔一大筆開銷，掃了玩興，實在很划不來呢！

即使是小擦撞，也要回撥電話給租車公司確認是否需要報警，不要直接離開現場。曾經發生過遊客直接棄車回國的不良案例，因此造成租車公司的鉅額損失，切勿當一個失格的旅人喔！

沖繩上路須知

在沖繩開車，因為日本人的開車紀律非常好，所以很自然會養成禮讓行人和慢慢行車的好習慣。沖繩是右駕，雨刷和方向燈在駕駛座的配置與台灣相反，除了方向燈會打成雨刷，在轉彎的方向感也有所不同，在日本開車，右轉變成是大轉彎，這與台灣右轉是小轉彎完全不同，切記一個原則，路況不熟的地方請放慢速度，不須特別慌張，當地人開車非常遵守交通規則，而且租賃車牌跟當地車牌不同，沖繩人也會注意你的車輛而特別小心。

租車公司**選擇**

　　在沖繩租車自駕是很普遍而且受到觀光客的歡迎，所以島上的租車公司非常的多，在沖繩的各家租車公司都有其特色，在地最大的 OTS 租車，常常有低價促銷的 TRC，在國際通有設立取還車據點的 ORIX 等等，除了這些日本在地的租車公司，這兩年來自台灣的大榮旅遊也開始在沖繩設立租車據點，以全中文為特色來吸引這兩年逐漸增加的台灣旅客，在右駕的日本，駕駛習慣與交通還是與左駕的台灣截然不同，如果是初訪沖繩的遊客或者是擔心事故處理的人，非常建議透過 DTS 租車，全中文的服務可以使人完全了解車子的設定以及性能，一旦發生事故，DTS 也有專人負責與日本警方溝通，沒有了語言的隔閡就可以省下許多不必要的麻煩與時間，非常方便。

取車、還車**地點**

　　遊客們可以根據行程安排取車以及還車的營業所。取車的地點不外乎是那霸機場或是那霸市區，如果選擇機場取車，優點是遊客一下飛機，可以很輕鬆的搭乘業者安排的接駁車至取車中心，所有的租車公司 DTS/OTS/ORIX 都有提供這項機場接駁服務，遊客完成租車手續後就可以立刻出發，不需要特意再搭單軌電車進去那霸市區。如果在那霸市區取車，幾間日本租車公司在 T- GALLERIA 都有設置服務櫃台，許多觀光客也都會選擇在這裡取車，因此有可能會需要等待比較久的時間，行程規劃上要注意。此外，比較特別的是 ORIX 在國際通有美榮橋營業所，對於住在國際通的人，不論是取車、還車就非常方便。

　　至於還車地點的選擇以行程規劃為主，唯一的提醒是如果還完車就要去搭飛機，建議保留足夠的預留時間，因為沖繩的道路不寬，上下班時段常常會遇到塞車，有可能延誤機場報到。此外，還車前要把油加滿，只要向加油站人員說：「regular」與「full」就可以了，並於還車的時候將發票帶回營業所供工作人員檢查。

Orix 美榮橋站前 營業所
沖繩縣那霸市牧志 2-17-10（P.247）
MAPCODE 33 157 708*56

OTS / Orix T GALLERIA 營業所
沖繩縣那霸市おもろ町 4-1 DFS 2 樓
（P.246）
MAPCODE 33 188 267*50

如何到達**熱門景點**

　　日本的租賃車都配有中文語音 GPS 系統，導航也非常清晰易懂，只要輸入正確資料就可以計算出路程長度、所需時間、預計抵達時間。比較特別的是，日本車用導航系統使用 MAPCODE 或是電話號碼定位，MAPCODE 是日本專用的地圖定位系統，取車時，店家會提供一份熱門景點的 MAPCODE，不需要太擔心熱門景點的導航。這時候可以上 MAPCODE 網站，只要輸入地址就可以得到對應的 MAPCODE，非常方便。個人的習慣是使用 Google map 與車用導航的結果比較確認，才是保險的做法喔。

MAPCODE 網站

開始租車吧！
一步一步教你怎麼租！

｜ DTS 大榮租車 ｜

沖繩縣糸滿市西崎町四丁目十二番地五（P.251）

　098-996-2377

DTS 網頁

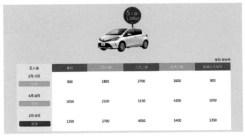

1. 點選喜歡車款後，開始填寫訂購內容。

2. 填入「取車還車」日期後，右方會直接清楚顯示總金額。

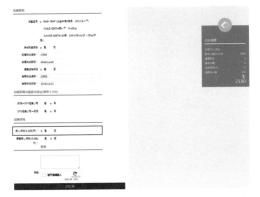

3. 「安心保險」建議要勾選哦，然後金額會直接顯示加總在右方，如果訂購這一個步驟遇到問題，也可以透過直接 LINE 詢問線上客服。

4. 確認「立即訂購」粉紅色按鈕，「聯絡信箱」就會收到信件哦！第一封是大榮收到你的「需求通知信函」；第二封才會是最後確認函「租賃條款合約單」，這樣才是真正完成訂購，要注意哦！以上，就這樣簡單的完成所有程序啦，接著就可以從電腦桌起身，將美麗的衣服裝箱啦，哈！

如果想選擇日本的在地公司租車，特別推薦的是「tabirai 租車比價網」，在這個網站上可以一次列出各家租車公司的費率，因為各家租車公司常常會在這個網站推出種種優惠，甚至比在自家網頁上公布的訊息更便宜，唯一的缺點是可能選到的租車公司沒有會說中文的接待人員，所以租車前記得貨比三家不吃虧。tabirai 也有中文網頁，不過日文網頁常常會有許多中文網頁沒有的超級優惠，所以接下來就跟著我一步一步上日文網頁租車吧！

1. tabirai 租車網 www.tabirai.net。

2. 選擇取還車日期、場所、車種。也可以在這個網站訂日本其他地區的車子喔。

3. 網站就會列出不同租車公司提供的車種和資費。

4. 確認取車和還車的營業所、車種，最後一項為是否需要兒童座椅，也是免費提供喔！金額試算表也會列舉在下方，這裡列出的金額僅含免責補償，租車前請向營業員確認，沒問題按下橘色按鈕。

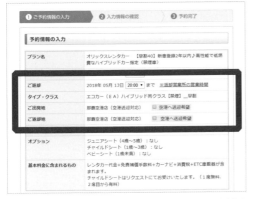

5. 確認個人資料（中文姓名、護照英文姓名、E-mail、連絡電話、航班資訊），
就可以按下確認囉！

除了 tabirai 租車網，沖繩當地最大的租車公司 OTS 也設有官網，一般來說，租金比 tabirai 稍貴，優點是它雇用許多會說中文的服務人員，另外，國內的航空公司也都有跟當地的租車公司合作，只要購買機加酒行程，都可以優惠價格協助訂車，建議可以多看看哪一間公司的價格比較優惠囉！

OTS レンタカー

網站也有中文與日文版本，可以多比較看看。

OTS レンタカー

經過以上介紹，相信你對沖繩自駕已經具有相當認識，快點開著屬於你的車子，在充滿陽光的沖繩自在馳騁吧！還等什麼？沖繩我來了！

ABOUT SPOT

沖繩
景點

ISLAND

SENA

b

ISLAND MAGIC SENAGAJIMA by WBF

來沖繩瀨長島住上一晚露營車吧！

「Glamping」由充滿魅力的「Glamorous」與露營「Camping」結合，意指在野外營地的豪華設施下，只需攜帶簡易私人用品即可入住，讓想追求深度旅遊與冒險的旅行方式，也同時多了一份舒適。而現在來到沖繩，走一趟瀨長島，就可以輕鬆且舒適的體驗這種深度旅遊。

2017 年 6 月 1 日方正式開幕的「ISLAND MAGIC SENAGAJIMA by WBF」，位於有著得天獨厚自然景色的瀨長島上，離機場車程約 15 分鐘的地理位置，讓旅客來到這裡，白天可以盡情看飛機起降翱翔於天空的姿態，並且還可以欣賞 180 度無遮蔽的全海景視野，而在如此美不勝收的海岸風景下，現在又可以在一大片綠地上住上一晚知名露營車「AIRSTREAM」，

白天欣賞海景，夜晚則是可以在戶外與親朋好友一同 BBQ 烤肉，喝上幾杯啤酒時邊欣賞傍晚的夕陽到夜晚的星空，讓旅客在緩慢悠閒的南國度假著。

進到 ISLAND MAGIC SENAGAJIMA by WBF，就會發現整個區域停放的皆是知名露營車品牌「AIRSTREAM」，外加提供著許多種選擇方案的露營烤肉區位置，除了使用硬體設備外，門口以有點加州風味的白色大型貨櫃與仙人掌迎接遊客，以及那所有露營車之間小型燈泡彼此圍繞著，待黃昏時點亮這片綠地，也如同星星般的照耀著整個營區。

宛如公主童話世界的夢幻露營車內裝

來 ISLAND MAGIC SENAGAJIMA by WBF，除了單純購票使用露營區 BBQ 以外，更推薦入住一晚，享受在異國海島星空下露營的難得經驗。小巧精緻可愛的露營車，每台車都有著不同的設計風格，雖然室內空間不大，但設備相當齊全，除了提供舒適大型雙人床，也有擺放一處雙人座沙發、專屬於自己的露營車前方觀景露臺，和當地大自然絕佳景色無縫融合，並包含 BBQ 食材與烤肉設備，即使是炎熱的夏日來也不須擔心，車內皆貼心的提供冷氣，提供著夜宿旅人最奢華的享受，吃飽喝足之餘，也可以來到 24 小時開放的漫畫間，免費租借多款日文雜誌漫畫，房客可以選擇席地而坐，或者坐在露臺上看著漫畫，享受 ISLAND MAGIC SENAGAJIMA by WBF 提供的多樣化休憩露營空間。隔日早餐提供「琉球温泉 瀬長島ホテル」的三明治輕食早點，煙燻培根佐配上洋芋泥、蔬菜，讓人一早就充滿能量，繼續前往接下來的旅程。ISLAND MAGIC SENAGAJIMA by WBF 多種組合滿足不同預算、年齡層的需求，而對於初次嘗試野外露營深度旅行者來說，可以說是提供著大家最適合的也最簡易入門的環境。

It's time to BBQ！ 來星空下烤肉喝啤酒吧。

ISLAND MAGIC SENAGAJIMA by WBF 行程有多種組合，露營區 BBQ 方案有全戶外座位區 Wide View Deck Site（ワイドビューデッキサイト）、半室內（Pergola Deck Site〔パーゴラデッキサイト〕）或者是選擇可以使用露營車內與前方露臺烤肉位置的 Airstream Site（エアストリームサイト），只要預約付費入場後，就會提供完整 BBQ 設備，食材則是豐盛的提供著雞、豬、牛三種，以及甜點烤棉花糖和零食爆米花與一瓶啤酒，隨著天色入夜，將 BBQ 烤爐中架上鐵架，中間加入燒炭，就可以開始邊烤上豐盛的食材，並享受著夜晚徐風吹來的海風。

擁有空曠悠閒的瀨長島，因為有了 ISLAND MAGIC SENAGAJIMA by WBF 更顯得生氣蓬勃與熱鬧，喜歡來到南國沖繩的最主要原因，就在於總是可以於無邊無際的蔚藍天與海之中找到了輕易就能放鬆的姿態，人身心靈都能在休憩中重新得到能量。享用完 BBQ 豐盛料理後，僅僅是坐在戶外藤椅上，靜靜地欣賞景色，就能不自主地閉上眼睛、沉入夢鄉，此時此刻，終於擺脫了從城市帶來的緊張忙碌束縛。

來到南國沖繩，無論是想來一場放鬆的度假或者與朋友舉辦烤肉派對，瀨長島上的 ISLAND MAGIC SENAGAJIMA by WBF 都能滿足旅人這個願望。邊看海邊露營，讓沖繩的行程更增添了樂趣，快來預約屬於自己的美好迷人度假時光吧。

　來到瀨長島上的 ISLAND MAGIC SENAGAJIMA by WBF，最棒的就是可以享受自己烤肉的樂趣，大口喝上幾口冰涼啤酒，在舌尖品嚐著多汁肉質與啤酒的麥香時，一邊佐配眼前海景的醉人風景，享受如此簡單卻放鬆的片刻。

　餐點中除了豐富滿滿提供各種料理外，最棒的就是這可愛的飯後甜點：棉花糖，稍微加熱將外層烤的上色後，甜滋滋的口感完全的平衡了剛剛的大口吃肉！但要特別注意的是，棉花糖很容易烤焦和融化，因此，一定要特別注意不要靠火苗太近，以及時間上約烤上幾秒就好。

　BBQ 食材中有著一整隻全雞，是以啤酒和各種辛香料醃製而成，不需要太多的烤肉醬，經過串烤後，就可以品嚐到表皮薄脆內裡柔軟口感，還有油脂與瘦肉分布相當均勻的牛肉，稍微沾點烤肉醬串烤幾分鐘之後，厚實的很有層次，就像是在享受牛排大餐般暢快；還有以黑胡椒醃製，口感同樣柔嫩的豬肉蔬菜盤等等，搭配著肉質一起享用，更顯鮮甜。

　入住一晚的旅客，可以免費享用瀨長島上目前唯一一間高級飯店「琉球溫泉 瀨長島ホテル」龍神の湯，CHECK IN 時店員提供免費泡湯使用券，攜帶券前往琉球飯店，但要記得帶零錢，因為飯店規定訪客必須將鞋子放入置物櫃內（一個日幣 100），泡湯是男左女右獨立分開的裸湯，有近十種不同溫度與不同療效的溫泉，飯店也會提供大小毛巾各一條，淋浴間內也有各種品牌的洗髮、沐浴用品，更貼心的是連卸妝用品、化妝水到乳液都有，出入口也都設置免費的飲水機可以補充水分，整體來說配備都相當齊全。

Google Map

台灣中文
代訂服務

080-9640-1571
沖繩縣豐見城市瀨長 173
台灣中文代訂服務 沖繩大榮旅行社
客服電話 02-2522-3265
客服 LINE @pvx9873v

洗手間

露營區裡面未設有洗手間。鄰近露營區有兩間，一間走路約 1 分鐘的公共廁所，開放時間為早上 07:00~22:00；晚上 10 點之後的其餘時間須前往再走路 3 分鐘的 JUNE DONUTS 甜甜圈店裡附設的洗手間（24 小時）使用，甜甜圈店營業時間為每日 10:00~20:00 （無公休日）

JUNE DONUTS

098-851-3298
沖繩縣豐見城市瀨長 174（P.251）
附設免費停車場，約可停放 30 台汽車。
備註：BBQ 食材原則上，一台露營車提供兩人份量，如果擔心多人不夠，可於訂房時一併勾選加購食材。

這張拍攝於隔日早上清晨 6 點時，
天空像是用了水彩筆在天空作畫般，
以那夢幻紫紅色系渲染整座沖繩海島，
如此美麗的景致，
讓人哪裡捨得再睡回籠覺呢？

ABOUT ATTRACTIONS

浪漫地標 幻彩療癒之島
瀨長島 Umikaji Terrace

沖繩縣豐見城市豐見城瀨長 174-6
（P.251）
MAPCODE 33 002 519*41
備註：入口處有免費停車場

在沖繩有許多的海灘可以讓你選擇看夕陽，但這一座位在那霸機場南方豐見城市的瀨長島，有著與其他海域截然不同的景色，除了海天一色的沖繩必有美景，更美麗的是因為緊鄰機場占地廣大，遊客能以 360 度地欣賞著海闊天空，還能看見飛機不時起降劃破天際的華麗夜景，眼前美景就像一幅會流動的畫，任由大自然這個藝術家作畫，成了一幅開放式藝廊，而最棒的一點是來到這裡不用任何門票，想來這也不用坐船，僅須開車從離機場約 15 分鐘的車程即可抵達，是非常推薦約會的首選。

白天的瀨長島，穿梭著熱帶夏威夷舞蹈表演與店家撥放著熱情洋溢的歌曲，此時的天空與島上基底白色系相呼應，一片純白景色為的是彰顯那海水的湛藍，接近黃昏，絕美夕照在眼前緩緩落入海中，此時的天空被渲染出如彩虹般多彩的顏色，這時的海與天空瞬間都成了主角，靜待店家們陸續點燃起店門口的火柱，整座島在夜晚時分，呈現了與白天完全不同的感

受與景色，多了份令人放鬆的溫暖色調，此時的魔幻時刻瀨長島，最讓人陶醉。

島上除了這眼前的自然美景外，也有著溫泉的天然資源，除了可以入住「瀨長島飯店」，島上入口處也有提供免費讓旅客泡腳體驗天然溫泉的地方。以及不少餐廳或酒館進駐，從日式或西式料理、居酒屋串燒等都有，最受歡迎的則是號稱吃了會幸福滿滿的鬆餅（幸せのパンケーキ），當天看著許多上班族三五好友聚集，坐在半戶外空間帳棚下，吹著海風吃著燒烤喝著啤酒，一群一群的學生，一起來到這裡大口吃著暖呼呼咖哩飯的同時，拍下許多以海為背景的美麗回憶，當然也有不少來這裡約會的情侶，手牽手漫步在星空下，感受每個浪漫的時刻。而除了來這裡用餐外，也有許多手工藝禮品、美妝店等，提供了複合式文化空間的瀨長島，讓旅客來到這裡，視覺、味覺以及購物癮都能同時獲得大大滿足。

沖繩縣・南城市
知念岬公園
Chinenmisaki Park

知念岬公園，屹立於海天一色之中

聽過一種說法，真正愛上一個地方，是不管一年中來幾次都不覺得足夠，我想，我們在沖繩這裡得到了如此的體悟。從喜歡的仲夏豔陽到寒冬聖誕，春夏交接之際，慢慢地看遍了沖繩四季的不同景色與感受。春末夏初的沖繩，沒有頂頭的烈陽，略帶低溫的海風吹拂著，海面與天色卻都依舊萬分迷人。

沖繩南部是比較少觀光客會來訪的區域，但其實這一帶，仍然有許多非常推薦的景點，尤其適合與我們一樣，因為熱愛沖繩而不斷回訪的上癮者。這裡沒有大量商業店舖，有的是那一處處天然美景，更加的沒有擁擠，寧靜徹底般的讓人每分每秒都被療癒著。

來到南部，除了像是之前我們介紹過的「新原海灘」，以及一旁熱門景點世界遺產「齋場御嶽」，還有一處療癒至極的天然美景，那就是「知念岬公園」。知念岬公園，位在沖繩南部南城市，廣闊的海洋、深褐色石岩群，是一處能一覽無人島 Komaka、神之島久高島的臨海公園。這座公園實際位置就在「齋場御嶽」旁邊，兩處景點路途約走路 10 分鐘即可抵達，停妥車輛後，沿著那海岸與天際線連線成的一幅美景走，這裡的景點指標就是這一幅美景視野與天然元素。走著走著，直到轉彎處，循階梯往下，看到豁然開朗的景致，就知道目的地已經抵達。

沖繩藍，美好春夏海景
來一趟，身心靈 SPA ！

首映眼簾的，一片居高臨下的無死角海景與錯落在周圍的樹木，完整的階梯步道被一大片平坦的綠意草皮圍繞著，沿著往下走，就能更加的貼近海邊，稍微傾斜，由上往下的階梯，讓人邊往下走越有種走進海底的錯覺。仔細觀察會發現，沿途的海色，在陽光不同下，海水變化著顏色，但不管色澤如何轉換，不變的是那清澈見底的透明，靜靜的還可看見水面緩緩的流動，以及海浪不時打在大大小小的礁石上形成的美麗浪花，還有那抬頭可見天空雲彩，隨著海風移動而變換的樣貌。此時最棒的事情，莫過於坐在公園長椅上，或者隨興坐在草皮上、樹下蔭涼，被陽光沐浴著、傾聽自然的呼吸、凝望著畫布般的海天連線景色，享受沖繩給人最自然不過的小確幸。

沖繩縣南城市知念久手堅 523
（P.251）
098-948-4660
MAPCODE 232 594 503*30

ABOUT ATTRACTIONS

系滿市中央市場
ギャラリー

「ちむちむ市場」兩個月舉辦一次的手作小市集

　　「ちむちむ市場」在「系滿市中央市場」舉辦，歷史悠久的系滿市中央市場，保留了濃厚的昭和丰采，位置旁就是漁港，固定會有傳統市場，販售新鮮水果、漁獲料理，隨著歲月變遷，訪客數量減少，整座市場逐漸老去，因此，商家們決定攜手舉辦這兩個月一次的手作市集，希望透過這充滿生命力的小市集，能給這座老去的市場帶來新的活力。「ちむちむ市場」範圍不大，集結了四十間以上的餐車與小攤販，有的是美式料理、日式料理、咖啡、手作藝品，也邀請了鄰近的社區團體表演，看著小朋友開

心的在台上跳舞，客人與店家毫無隔閡的聊天，音樂聲、歡笑聲溫暖了這個位於傳統市場內的小市集。

　　除了「ちむちむ市場」這種在地小型市集，沖繩最大最有名的市集當屬「okinawa food flea」，活動期間許多餐車和沖繩知名餐廳都會出現，也是被我列為非去不可的沖繩活動，絕對熱鬧好玩讓人印象深刻。如果想要查詢旅行期間沖繩境內的市集活動，建議大家可以到「沖繩イベント情報」官網查詢：http://www.goyah.net/okinawa_event/weekend.html

沖繩イベント情報

系滿市中央市場
沖繩縣系滿市字系滿 989-83（P.251）
MAPCODE 232 425 881*08

金武町

景點

　　金武町位於沖繩本島的中央地帶，鄰近宜野座村、宇流麻市、西北方則是與恩納村相鄰、東南方則面朝太平洋。由於附近就有美軍基地，因此來到這裡，映入眼簾的都是色彩鮮豔活力十足的生動招牌、彩繪牆壁，白天是座可愛安靜的小村莊，隨著夜幕低垂，一間間酒吧、漢堡餐廳開始營業，街道巷弄換上一幅截然不同的面貌。來到這裡最不能錯過的一定要品嚐「塔可飯」，說到塔可飯大家第一個會先聯想到墨西哥料理，不過塔可飯的發源地其實是在沖繩，而且創始店就是位於「金武町」。第一間創始店「Parlor千里」，是當時為美軍開發新菜色的第一間塔可飯專賣店，現已結束營業，由姊妹店「KING TACOS金武總店」接下創始店的招牌，繼續在金武町這裡販售提供給絡繹不絕的旅客以及美軍基地的美國人。

　　塔可飯最經典的吃法是將塔可肉醬淋在白飯上、舖上滿滿起士與生菜、番茄等蔬菜，最後再淋上莎莎醬，特殊的口感與豐富滿滿的餡料，因而有著屹立不搖的人氣。塔可飯文化正慢慢滲透到整個沖繩縣，尤其在「金武町」商店街中這一整區，處處都可以找到供應塔可飯的店家。如果來到沖繩，尤其是塔可飯發源地「金武町」，很推薦一定要來品嚐這道在地美食。除了招牌「塔可飯」，也很推薦有著濃濃起士香氣的「起士塔可飯」或者比較清爽的口味「蔬菜起士塔可飯」等等，而且不要小看份量哦，絕對是能讓大家填飽飢腸轆轆的味蕾，哦！還有不要忘記淋上店家自製的塔可醬吧，好好品嚐這充滿美式風情的在地美味。

金武町交通

若經由沖繩高速公路由那霸開至金武交流道需時 45 分鐘，如行駛一般道路則約需 1 小時 30 分鐘。若從名護開上沖繩高速公路約需 20 分鐘，行駛一般道路約 35 分鐘可抵達。

小叮嚀

入夜的金武町，路上偶有喝醉的美國大兵，建議一定要結伴同行，以避免不必要的誤會與騷擾。

不同於沖繩主要市區街景，這裡充滿豐富色彩元素，不管是餐廳、漢堡店、塔可飯，從招牌到店內裝潢都充滿著色彩，是一區可以讓人盡情拍照，享受異國料理的地標。

KING TACOS 金武總店

沖繩縣國頭郡金武町字金武 4244-4（P.250）
090-1947-1684
週一～週五 11:30~凌晨 1:00、
週末及國定假日 10:30~凌晨 1:00
MAPCODE 206 110 849*06

Kafu Banda
果報バンタ

等待著燦爛陽光緩緩從海平面升起、或者傍晚雲彩變換的魔幻時刻，
聽著海浪拍打沙灘稀稀疏疏的療癒聲音，觀賞漲潮、退潮之間那海平
面的變化……望賞海景，一直是許多人來到沖繩度假的原因，在沖繩
境內大大小小的海域之中，每座海灘與海平面的景色都各有其不同的
特色，在我眼中，如果要說，有沒有那麼一處海景，因為海水景致變
化快速多端，因此會讓你想在不同的季節與時間一訪再訪、有沒有那
麼一處沙灘，可以不用遠離前往離島，就能看見海龜上岸產卵？那我
會說，「Kafu Banda（果報バンタ）」千萬不能錯過的秘境。

　　沖繩的東海岸，透過延伸的大橋橫穿海中道路後，車程約 15 分鐘左右，會來到遊客相當稀少的宮城島，而位於宮城島東側，有著一處迷人私密景點，這裡是「Kafu Banda（果報バンタ）」。

　　果報岬，又有「幸福懸崖」之稱。「果報」在沖繩方言中有「幸福」意思，Banta 則是「懸崖」。由於宮城島相對四周地理環境來說，位置甚高，因而擁有俯瞰整個東海岸的絕佳美景，而且這裡還有精彩的珊瑚礁群，尤其退潮後更能看見珊瑚礁群延伸進海底的視覺磅礴美感與碧綠海面，旅客來到這裡，因為人煙稀少，因此就像是私人海灘般，讓你能更自在的親近海洋，沐浴在這片浩瀚大自然裡，任由大自然的海浪與風聲滋養疲憊已久的身心。除了可以站在制高臨下的位置欣賞珊瑚礁海岸線以外，也可以到附近兩處海灘上踏浪踩沙，海灘分別是「akuna beach」、「ukuno beach」，這兩處海灘的海浪充滿著能量，許多運動員會前來衝浪，不會游泳的你也沒關係，來到海岸邊走走散步，相信也能帶給你一番心靈饗宴，據說由於這裡沒有任何人工建築物，像是衛浴、鹽洗室等等設備，原生與自然的環境也是海龜會上岸產卵的海灘，是來到沖繩不能錯過的絕佳美景。

　　「Kafu Banda（果報バンタ）」，旁邊就是「製鹽工廠命御庭」，拜訪果報岬之餘也可以順道拜訪這座製鹽工廠，由鹽堆積而成如同雪景般的夢幻場景是一大特色，二樓也有提供沖繩麵、咖哩飯、義大利麵、甜點等餐點。要來到這裡的朋友，可以導航「製鹽工廠命御庭」或者輸入果報岬 MAPCODE，沿途標示與道路都相當清楚完整，是很好找尋的秘境地標。

沖繩縣宇流麻市與那城宮城 2768
（P.248）
098-983-1140
MAPCODE 499 674 664*36

美國村

美國村摩天輪

沖繩縣中頭郡北谷町美濱 15-69（P.249）

11:00~22:00

MAPCODE 33 526 450*63

美國村

因為美軍駐紮在沖繩，所以在沖繩的許多角落可以感受到濃厚的美式氛圍，美國村一帶是最具代表性的區域，巨大的摩天輪就像美國村的招牌，熱情的迎接著每位訪客，許多大型購物商城、電影院、美式餐廳和服飾、配件、手作禮品、生活雜貨等特色小店散佈在整個區域，最棒的是走幾步路就會來到以夕陽聞名的 sunset beach，每到周末午後，也有許多沖繩人在海邊烤肉玩水，非常悠閒，白天購物後傍晚來到海邊，伴著夕陽、摩天輪一起進入美麗的沖繩夜色，絕對是個適合約會的絕佳浪漫地標。

安排行程住宿，我們非常喜歡住在美國村一帶，不論是前往水族館、古宇利大橋，青洞潛水，或是往東去 AEON RYCOM、海中道路等，地理位置適中的美國村可以節省不少的行車時間，美國村這一帶的海灘非常漂亮，而

且非常多種類的價位與型態的飯店進駐，甚至 AIRBNB 數量都不少，可以依據人數、預算選擇不同住宿，非常方便，而且這裡也有一棟大型 AEON 超市，生活機能非常好。

雖然我們把美國村列為初訪沖繩者必到景點。但其實每回回訪沖繩，我們還是會選擇來美國村購物吃飯，因為這一帶範圍相當廣，各式各樣的店舖散落在巷弄內，琳瑯滿目的個性餐廳，從日式壽司、泰式口味街邊小吃、美式漢堡和一間間酒館，近期回訪還發現許多二樓以上的店舖也很有特色，像是書中介紹的 Timeless 可可巧克力專賣店，如果喜歡美式風格的服飾，這裡更是提供了最好的選擇，但要注意的是美國村一帶的店家，大約晚上 8 點左右就會打烊，因此，在行程安排上務必留意時間。

白天的美國村就像一座大型遊樂園一樣，色彩豐
富無比的建築物佔據訪客的視線。華燈初上的美
國村，卸下了熱情的面具，轉變成一幅相當夢幻、
浪漫的夜景，滿天星光閃耀，五光十色的摩天輪
持續運轉，乘載著許多人的沖繩回憶。這也是為
何我們推薦可以來美國村這裡住上一晚的原因，
欣賞白天海灘、樂園般的熱帶風情後，體驗美國
村不同於沖繩市區的浪漫夜晚。

ABOUT ATTRACTIONS

秋冬，星塵幻想曲

沖繩縣名護市字安部 156 番地 2（P.250）
點燈日期 每年 11 月 1 日~2 月 28 日
點燈時間 18:00~23:00
1 月以後 19:00~23:00（入場皆為 21:30 為止）
MAPCODE 485 159 343*28

耶誕星空照耀的沖繩秋冬

　　11 月與 12 月份的沖繩時分，海灘都已關閉，少了專屬於盛夏的海灘戲水，觀光客潮銳減讓此時的沖繩妝點著些許靜謐，此時另一種美正悄悄在這南國島嶼上演，那就是歲末溫暖的聖誕節慶典。各地都陸續有著聖誕節慶活動與浪漫燈海依序展出，「聖誕點燈，台灣各地都有，何必一定要來沖繩觀賞不可？」因為沖繩各地的聖誕點燈，海景都成了襯托它的背景，欣賞聖誕燈海的同時，一旁絕非車水馬龍、高樓購物，取而代之的是輕拂臉龐的海風，草裙舞者隨著夜幕低垂，在現場音樂的陪襯中登台，搖擺舞姿於海風中的景致，海景結合了溫暖聖誕燈海，成了南國沖繩最獨特的聖誕佳節畫面，看海也看繽紛的聖誕燈海，一次滿足了兩種想像。

　　其中沖繩北部最盛大的聖誕慶典活動之一就是「卡努佳度假村 Kanucha Bay Hotel」裡的「stardust 星塵幻想曲」。卡努加度假村（Kanucha Bay Hotel），結合了濱海風景區與高爾夫休閒場地，占地 80 萬平方米的超大型海景區域，裡面有許多休閒娛樂設施，像是森林漫步、獨木舟、水上樂園、SPA、瑜珈課程到沖繩特色文化體驗等等，園區內餐點也提供多樣化的選擇，從日式、西式到亞洲自助餐點等等，是許多沖繩人特地來這裡度假的休閒勝地。而為了迎接秋冬的到來，度假村每年 11 月 1 日~2 月 28 日 都會舉行「stardust 星塵幻想曲」，至 2017 年已經是連續舉辦第 17 年，在沖繩當地已經累積很高的知名度。

　　除了可以選擇入住度假村，白天坐著高爾夫

球車或者搭乘免費導覽巴士在園區裡散步，也可以單獨購買門票入場參觀聖誕點燈以及現場演奏等活動，一排排三層樓高的聖誕樹、彩虹燈海、各種精心佈置的燈光造景散佈在園區內，不同時段上演的慶祝活動，草皮、湖畔、山坡道路上都有著滿滿的燈海，層層疊疊的繽紛，暈染開的是一片讓人覺得浪漫十足的氣氛，走到了主要活動區域，還能聽見現場 live band 演奏，一旁的酒吧提供了最適合這樣放鬆氣氛的各種酒精飲品，手裡拿著啤酒，聽著熱情的南洋歌曲搖擺著，悠緩、輕快的音樂就這樣從傍晚黃昏蔓延了沖繩整個夜晚。

如果選擇在這裡住上一晚的房客，甚至許多窗外美景就是眼前那一排排聖誕樹，上方掛滿了五顏六色的燈海裝飾，這時候則建議坐在陽台，欣賞燈海的同時，聽著遠方陣陣海風伴奏著園區內輕快音樂一同吹拂而來，放鬆如此簡單……。淡季的沖繩，聖誕的氣息，讓海島南國在此時擁有著不同於夏日的另一種魅力。

如何購票入場？

想要來到卡努佳度假村參加這場聖誕盛宴，除了直接入住飯店，即可免費參觀；也可以直接到會場購買，每年飯店也都會公布販賣預售票的商店，出發前可以先查閱飯店官網。

首里金城町石疊道

首里金城町石疊道，位於那霸市首里城附近，為日本百選特色道路之一，許多的日本廣告都在這裡拍攝，陳綺貞「旅行的意義」MV 也是在此取景。石疊道是以「琉球石灰岩」舖疊而成的石板路，沿途的石牆也是獨特的以「相方積」方式堆積而成，處處都流露首里古都的歲月痕跡。此古道有一處「金城村屋」，保留了琉球傳統歷史平房，作為地區居民集會所使用，平日觀光客也可以脫鞋入內休息，開放的空間，大片寬廣的榻榻米，眼前綠蔭交錯，讓人得以沉浸在沖繩縣指定史跡之中，吹著徐風，感受沖繩另一種古都面貌。石疊道不只在歷史的途徑中扮演重要角色，也是現在附近居民平日重要的生活道路。

沖繩縣那霸市首里金城町 1 丁目（P.246）
MAPCODE 33 161 391*46

首里城

首里城位於那霸市以東，為 15 至 19 世紀琉球國的都城所在地和王宮之處。於 2000 年被認定為世界文化遺產。首里城不僅僅是當時琉球王國政治、文化、外交中心，也因為當時有著與日本、東南亞等國家貿易往來，園區內有著許多豐富文物，可以說是同時保留著沖繩的歷史與文化代表之處。

沖繩縣那霸市首里金城町 1-2（P.246）
098-886-2020
MAPCODE 33 161 526*66

齋場御嶽

　　這裡是 15 世紀至 16 世紀的琉球王國尚真王時代的御嶽，「御嶽（Utaki）」意旨「一個神聖的祈禱場所」，而齋場御嶽在沖繩方言中有「最崇高的御嶽」的意思，而最深處有一處形狀呈現三角形的可穿越岩洞，被稱作是「三庫理」的祭神聖域，來到現場穿越這區茂密森林步道中以及岩石群中，皆可以感受到那肅靜卻帶著磅礡的神秘能量。

沖繩縣南城市知念字久手堅（P.251）
098-949-1899
MAPCODE 33 024 253*22
9:00~18:00 （最後入館時間 17:30）
農曆 5 月 1 日至 3 日及農曆 10 月 1 日至 3 日公休（非新曆日期，故請務必參照農曆日期）

普天滿宮

　　沖繩境內有著許多神社，其中最常被提及的就屬「琉球八社」。「普天滿宮」就是其一，不只是國王會參拜祈求國泰民安國家大典的神社，也是許多在地居民會前來參拜的能量之地，尤其到了新年，參拜的人數也不亞於波上宮。

沖繩縣宜野灣市普天間 1-27-10（P.249）
098-892-3344
全日開放 （鐘乳石洞參觀 10:00~17:00）
MAPCODE 33 438 615

波之上海空公園「波濤中的沙灘」

　　海中郵筒，位於波之上海空公園內「波濤中的沙灘」旁，也是潛水勝地和浮潛授課的著名沙灘。在公園內有兩座海中郵筒，一座是需要潛水至海底才能看見，另一個郵筒則位在岸邊，漲潮時會看見郵筒一半在水裡，退潮時就能看見整座郵筒，讓沒有下水遊玩的旅客也可以投遞寄出明信片，甚至小朋友也能投遞。

沖繩縣那霸市辻 3-3-1（P.246）
098-863-7300
游泳期 9:00~18:00（4 月~6 月、9 月~10 月）
9:00~19:00（7 月~8 月）
MAPCODE 33 154 899*11

波の上宮

　　波の上宮建於琉球王國時代，在沖繩八大神社中位居相當高的地位，也是沖繩當地最多人參拜的神社。從波の上海灘可以欣賞到鎮座於懸崖上的波の上宮。

沖繩縣那霸市若狹 1-25-11（P.251）
098-868-3697
全日開放
MAPCODE 33 185 023

殘波岬燈塔

　　殘波岬燈塔，位於讀谷村殘波岬，最明顯的即是它的白色巨大型燈塔，燈塔旁就是斷崖殘壁，可以不斷看到海浪拍打著殘壁的巨石，不管是遠觀還是近看都能感受到其廣闊雄偉的景觀。周邊有沖繩海岸國定公園與殘波海灘。這裡除了是觀光勝地之外，也是本地人海釣的熱點，不妨租車來到這一帶兜風，欣賞壯麗的美景吧！

沖繩縣中頭郡讀谷村字宇座1233番地（P.249）
MAPCODE 1005 685 380*00
※ 崖邊沒有設置護欄網，請旅客注意安全
※ 颱風天或風浪過大時建議不要前往。

萬座毛

　　萬座毛是代表沖繩的名勝景觀之一，有著壯闊的懸崖絕景，海浪拍打著岩壁，令人不禁讚嘆大自然的鬼斧神工。「萬座毛」的由來為「可供萬人齊坐的草原」，「毛」在沖繩語中意指原野，除了湛藍到過份的美麗海域，還可見到一大片無邊際的遼闊草原，這裡的野生植物被形容為沖繩縣的天然紀念品。

沖繩縣国頭郡恩納村字恩納（P.250）
098-966-1280
MAPCODE 206 312 039*17

青潛 BESTDIVE OKINAWA

　　要選出沖繩最具特色的潛水勝地，當然非「藍洞」莫屬，全世界唯二的藍洞，除了義大利的卡布里島，另一個就位於沖繩的真榮田岬。藍洞美麗之處在於海底的顏色會呈現漸層色系的閃亮藍色光芒，並且還可以同時被五顏六色的熱帶魚群包圍，直接感受大自然給人的莫大感動。

 沖繩縣恩納村仲泊 94（P.248）
070-3124-7160
MAPCODE 206 066 103

NIRAIKANAI 橋

　　「NIRAIKANAI橋」，位在沖繩南部，名字在沖繩方言裡意指「海對面理想之鄉」，「U型的橋墩」，是這裡最吸引人的特色，從橋上往橋下沿著U型道路一路往下，隨著車輛移動，而眼前的風景不斷的改變，馳騁在這樣的迷人景色之中，總是能讓人心情放鬆感到療癒。

　　因為位置在國道線上，時不時就會有車輛呼嘯而過，讓眼前流動的車輛映襯著後方那片寧靜的海平面，整個景象兼具了「動與靜」的美麗。這樣的風景不需付出任何費用，只需要開闊的胸襟來飽覽這迷人景色。

 沖繩縣南城市知念字知念（P.251）
從國道 331 號線駛入縣道 86 號線
MAPCODE　232 593 542*11
請勿於行駛途中停車下車欣賞風景，橋頂處提供遊客停車場，並且步行到展望台觀看。如遇颱風或惡劣天氣時，可能關閉道路。

美麗海水族館（沖縄美ら海水族館）

第一次來到沖繩的訪客，位於北部的美麗海水族館無疑是必打卡的熱門景點。親眼看見登上金氏世界紀錄的巨大透明水槽，隔著透明壓克力玻璃，鯨鯊以及種類繁多的魚類盡情的在你眼前悠游，遊客有著彷彿置身於海底的錯覺，是造訪沖繩絕對不能錯過的景點之一。

另一個最受歡迎的莫過於就是「海豚劇場」，後者讓你可以欣賞海豚群們間可愛的互動合體跳躍表演。而來到這裡，逛累了也非常推薦來到位於二樓的「Café Ocean Blue」，在夢幻藍色系氛圍咖啡館裡選擇最靠近大屏幕的位置，一邊品嚐小點以及茶品外，一邊看著魚兒無憂無慮的徜徉在水中，同時讓你的身心皆感到放鬆。

沖繩縣國頭郡本部町字石川 424 番地
（P.250）
098-048-3748
8:30~18:30（3/1~9/30 期間至 20:00）
MAPCODE 553 075 797*74

ABOUT
EAT

沖繩
美食

ABOUT FOOD

ゴーディーズ オールド ハウス
GORDIES OLD HOUSE

從國道 58 號往嘉手納町沿途，可見一間間強烈美系風格店舖以及餐廳林立，其中，2015 年 9 月方開幕的 GORDIES OLD HOUSE ゴーディーズ オールド ハウス，在沖繩已經非常有名，第一間「GORDIES」漢堡專賣店開設在北谷町，嘉手納町這裡是他們第二間分店。整個餐廳走濃烈美式復古鄉村風，從整棟建築外觀到內裝都以 60、70 年代復古木造裝潢呈現。一推開門即可見最代表美式文化的高腳吧檯，延伸視覺到店裡紅色系磚瓦牆面、復古木造櫃與那有著完美斑駁歷史痕跡餐桌椅，粗曠不帶完美的木質個性整體裝潢，讓人不禁想問一句：這裡真的是沖繩嗎？還是跳入了 1986 年的美國

電影場景裡？我想，GORDIES OLD HOUSE，不只是一間餐廳，也可以形容是老闆的私藏復古家具的倉庫，透過這些大型家具收藏與桌邊小物擺放，得以保留住「陳舊卻帶有溫度」的復古文化氛圍。

沖繩縣中頭郡嘉手納町水釜 189-1
（P.249）
098-956-7570
11:00~21:00
週五公休
MAPCODE 33 674 474*67

復古木造櫃體與充滿斑駁的歷史軌跡吧台區，
以及四周有如時間味道的一張張復古式海報懸掛牆壁面，
粗曠的個性內裝，讓人對其深深著迷。

如果說裝潢是一項特色，那 GORDIES OLD HOUSE 餐點則是另一個焦點，漢堡與三明治皆是來自餐廳手作自製麵包，甚至 BBQ 醬汁也是店家自製。其中最不可錯過的人氣商品之一「起司雙層牛肉堡」，一層層和牛透過炭烤後，肉質外層呈現了焦脆炭烤的焦香，但內層仍保留了多汁的風味，與番茄、芥末、金黃起司疊疊陪襯出的口感，非常立體，並且搭配一旁的薯條、可樂，一口漢堡一口薯條，和大口大口的可樂，哇！沒想到在沖繩也能有這般異國風情的餐點可以享受。

1. 外觀看似簡單的漢堡，裡頭卻有著厚實的牛肉，表皮烤的焦脆的同時，又保有內裡牛肉的軟嫩多汁口感，美味極了！
2. 來到這裡，有許多美式漢堡口味可以選擇，不妨喜歡的口味都各點上一份吧，然後來杯可樂或者啤酒，都好！
3. 來自店家自製麵包體而做成的美式熱狗三明治，口感多了一份柔軟，與那以往印象中的美式熱狗漢堡風味有所不同。搭配一旁的薯條，啊！好滿足啊！

ABOUT FOOD

バカール オキナワ
BACAR OKINAWA

BACAR OKINAWA（バカール オキナワ）位於熱鬧的「縣廳前站」，餐廳位處於巷內，外觀低調的黑色系與木頭色裝潢卻常常使人忽略，要不是因為在開店營業 10 分鐘前，門口已經大排長龍，很難會發現原來這裡有一間正宗義大利窯烤披薩專賣店。

店內則提供兩款義大利傳統經典口味，Margherita Pizza 瑪格麗特披薩（マルゲリータ）和 Marinara Pizza 瑪伊納拉番茄披薩（マリナーラ），採現點現做方式。師傅從客人點餐單中看過餐點後，會從盒內拿出一個個經過手工揉製且發酵好的麵糰，餡料則是甜中帶酸的番茄，那是正宗那不勒斯披薩的靈魂，並且佐以提升香氣的橄欖油、大蒜，最後灑上奶香十足的莫澤瑞拉奶酪與新鮮羅勒，微甜番茄與田園香草氣息撲鼻而來，引人胃口大開，讓披薩的味覺在舌尖上呈現草本與番茄香氣和餅皮的柔軟度。另外，除了美味料理，另一個吸引我們的則是視覺裝潢，那一長列吧檯座位是一路延伸圍繞著披薩烘焙師傅與調酒師的半開放式廚房及調酒區域，在剛開門營業的 6 點，就已經座無虛席，美味受歡迎的程度，足以想像。

我想，不管是在義大利或者是沖繩 BACAR OKINAWA（バカール オキナワ），大家都將披薩視為一道道正式餐點，而非速食。不用遠飛一趟義大利，在離台灣僅僅 90 分鐘航程的沖繩，就能品嚐道地正宗義大利經典料理，我想我們跟沖繩當地人，一樣幸福。

1. 店面不大，卻有著輕鬆愉悅的用餐氛圍
2. Margherita Pizza 瑪格麗特披薩
3. 整間店充滿濃厚異國風味

沖繩縣那霸市久茂地 3-16-15 （P.247）
098-863-5678
18:00~23:00（最後點餐時間 22:30）
無休
MAPCODE 33 157 390*16

一長列吧檯座位區是距離欣賞披薩師傅
精采絕倫，製作完美披薩的搖滾區

ABOUT COFFEE

ZHYVAGO COFFEE WORKS

咖啡工作檯前，琳瑯滿目的咖啡器具，有的是蒸氣咖啡，
有的是冰滴咖啡，滿足各種咖啡愛好者的味蕾。

沖繩，是個很適合說走就走的城市，不管是單身旅行或者情侶、夫妻旅行到家族旅行，都相當適合，除了飛行航程短、治安良好，更棒的是總能在沖繩境內找到各國多元文化的驚喜，每一趟旅程，都能寫下充滿故事性的旅行章節。

　　北谷町位於沖繩中部西海岸，在這裡有著沖繩一貫的海岸風情，也因為位於美軍嘉手納基地附近，整個區域瀰漫著濃厚的美式氛圍，除了大型摩天輪以及 Depot Island 等眾多美式購物商店，沿著北谷町海岸線遍佈著沙灘，林立著一棟棟面海的飯店，也有一間間美式風情咖啡館開立著，來到這讓人不禁放慢腳步，一邊聞著咖啡香，一邊悠哉地享受沖繩閒情。

1. 店內各個角落，從牆上到桌椅周邊，許多小物品、裝飾、咖啡杯、咖啡周邊器具等到木質造型砧板等，許多都是店主自己前往俄勒岡州的波特蘭市精心挑選購買帶回，不只是用以裝潢店內，且這些商品也多半可以販售。
2. 來到這裡，只要簡單的依據心情選擇一杯咖啡口味，選上一個自己最喜歡的位置，好好享受這杯同時可以有著咖啡香，又同時可以聽海的午後日子。

　　沿著海岸線走就會瞧見一間有著與前方海岸線同樣色系，藍色系裝潢咖啡屋，門口停了一台咖啡小餐車，布條上面寫著咖啡店店名 ZHYVAGO COFFEE WORKS，狹長型的店面，門口有絡繹不絕的客人，有的為了享受海邊的閒情悠哉、有的前來是為了品嚐店內的人氣咖啡，不管哪種原因，都讓這間小小的咖啡館，格外的熱鬧沸騰，而這間咖啡館眼前的風景，就是沖繩最迷人的蔚藍海岸。

　　透明櫥窗前，即可看見咖啡屋內琳瑯滿目的咖啡器具，有的是從義大利引進的 LA MARZOCCO strada EP-3 蒸氣咖啡機，有的是冰滴咖啡 コールドブリュー，待客人點上想喝的咖啡品項後，店主才一一精心煮上的咖啡。有這樣開店想法的契機，是來自於店主飯星さんが，因為熱愛咖啡，曾經長時間在美國舊金山西海岸，品嚐一間間咖啡館之後，決定將美國西海岸風格的咖啡館帶回沖繩，融入沖繩生活景色。除了充滿強烈的工業美式風格裝潢，烘豆咖啡機則是選用沖繩在地品牌以及使用縣產牛奶，並且精準的掌控不同咖啡所需的溫度與時間下沖煮，除了體驗美國西岸風情時，也喝得到濃厚的日本職人精神。以及，也有提供喝咖啡不能少的甜點！巧克力塔、焦糖起司蛋糕、香蕉核桃蛋糕，琳瑯滿目的選項足夠讓人挑選，好好一邊欣賞窗外的海景，以及品嚐著甜點與咖啡，度過一個悠閒的下午。

沖繩縣北谷町美浜 9-46
シーサイドビル 1F （P.249）
098-989-5023
9:00~ 日落
不定期休假
MAPCODE 33 525 351*33

ABOUT COFFEE

BB- Café

va

BB
Coffee

Espresso milk drink
Original dessert
Open sandwich
Happy drip coffee

Open 7:00 - 19:00 Close

獨享海堤風光的藍色咖啡館

沖繩許多咖啡、早餐麵包店，都要到上午11點左右才會營業，近幾年來陸陸續續地開始有越來越多早上7點或8點就營業的店家，更加適合旅人規劃行程的營業時間，並且以美味新鮮的麵包或者一杯香醇咖啡，取代飯店過於制式的早餐。其中一間上午7點就營業的咖啡館，就是位在沖繩市的「BB-Coffee」。

BB-Coffee位處於臨海堤防邊，美麗的海岸線就在不遠處，是前往沖繩知名觀光景點「海中道路」，途中會經過的一間咖啡館，外觀是一棟簡單大方的藍色系建築物，充滿熱情的亮藍色很難讓遊客忽略它。BB-Coffee，位於絕佳欣賞海岸線的位置，遊客可以坐在室內高腳椅透過窗戶望見大海，或者來到戶外，四處靜謐無聲，安靜的聆聽只有那遠方的海浪拍打上堤防的聲響，任由海風吹拂臉龐、樹葉沙沙作響的戶外座位區，或者外帶一杯咖啡，直接坐在前方的堤防上，被眼前綿延無盡的藍天大海給療癒著，也相當愜意。

BB-Coffee由一對夫妻一起經營，店名就是取自於老闆的名字BaBa，店內也有一隻店狗，有著自己專屬的座位熱情的歡迎來自各方的旅客。由於BB-Coffee早上7點的時間就對外營業，因而很貼心的提供「Happy Morning Set」早餐組合，也就是每日早上7點至11點，來到店內只要點杯咖啡，就可免費獲得一份吐司和沙拉，營養與豐富的早餐，給每位訪客帶來充滿活力的開端。不馬虎的咖啡與自家烘焙咖啡豆專賣店「豆POREPORE」（豆ポレポレ）合作配方豆，再萃取出專屬BB-Coffee的咖啡香氣，咖啡品項中有平易近人的拿鐵、卡布奇諾、濃縮咖啡，也有手沖咖啡和濾掛式咖啡等等；甜點品項則是不定期推出，平常最常販售的是自家製甜甜圈，以及推出的起司蛋糕、提拉米蘇等甜點。然後，也有提供三明治，據說店內的人氣商品就是酪梨口味的開放式三明治。BB-Coffee還推出了原創品牌「Okinawa Happy」的商品，舉凡從T-Shirt、咖啡杯、棒球帽等都有。

當天內用過早餐之後，將帶著沒來得及喝完

的咖啡，雀躍的踩在對面的海堤上，心想，被海天然環境圍繞的南國沖繩，總是不難找到一間間都能看海的咖啡館，而這樣的景色，儼然已成為沖繩日常的一部分，而對於身為旅客的我們來說，真希望時光可以就此停住，充分沉浸在這片毫無矯飾的大自然風景中。

沖繩市泡瀨 3-12-12（P.248）
098-989-7212
7:00~19:00
週三公休
MAPCODE 33 534 148*22

1. 寬敞的室內座位區，木質裝潢中穿梭著藍色與黃色，充滿活力的視覺空間感，不管是坐在四人座沙發區還是靠近吧檯，可以近距離欣賞海堤邊坡上的藍天白雲，都讓人感到舒適療癒。此時，點上一份早餐與一杯溫醇咖啡，慢條斯理的好好享用眼前的餐點與沖繩早晨美好時光。

2. 享用早餐後的咖啡，如果還沒來得及喝完，老闆也會貼心幫你換成外帶杯。簡簡單單的咖啡外帶，因為上面有著呼應天空的 BB-Coffee 藍色系療癒 LOGO，特別覺得可愛，一整天拿在手上心情也相當好。

3. 角落鄰近咖啡吧檯的一區，有著鮮豔色系與琳瑯滿目的商品，這是來自老闆的獨創品牌「Okinawa Happy」，從服飾、帽子到咖啡外帶設計杯都有。來 BB-Coffee 享用早餐的同時，不妨替自己或者朋友買上一份不同於土產的禮物。

4. BB-Coffee 外就是那沖繩隨手可得的清澈透明天空與看海堤防，吃飽後別急著前往下一站，記得到堤防散散步，好好享用這個無憂無慮的早晨時間。

Café やぶさち
Café Yabusachi

沖繩夏日旅行計畫，盡情的暢遊在蔚藍的海中，
曬完日光浴之後，
找尋隱藏在小山丘一間一間溫馨咖啡館，
填飽饑腸轆轆的肚子外，也能來杯咖啡，
讓自己的身心與心靈短暫休息，繼續接下的旅程。

關於南城市咖啡館裡的一片海景

　　某次在與日本友人一起旅遊沖繩，他提議要帶我去一處當地相當知名的咖啡館，位於沖繩南部的南城市郊，幾乎沒有觀光客，而且我肯定不知道這間。關鍵字「沒有大量觀光客」立刻就引起我們的好奇心，當下就決定擠出空檔，前去一探究竟到底是哪樣的咖啡館，沒有觀光客，卻是當地人相當推薦的一間店。

　　跟著友人前車的導引，上了一段山路還算平穩的小山丘，穿過陣陣綠蔭樹林後即見一片視野遼闊的空曠平地，純白色的建築物位於靠海的山壁上。而下車之後，立刻感受到那建築物後方的海風，迎面吹拂來，很熱情般的像告訴我們，到了到了！我們到了「Café やぶさち」。

　　「Café やぶさち」，原來是一處擁有可以遠眺太平洋、飽覽海上風光的極佳位置咖啡館啊。隨著入口處指標，我們從停車場走向店門口，走上 2 樓階梯，視野也隨著越走越高而越見遼闊，還沒進到咖啡館入口處，就已經可以看見

那大幅落地窗外的海天一色景致。「天啊，我怎麼以前都不知道有這麼棒的地方？！」

　　選擇了靠邊的一整排沙發區，雖然沒坐在最靠海岸的第一排，但仍絲毫不影響欣賞廣闊太平洋的視線。來到這裡，你可以選擇靜靜地坐在室內，透過大片玻璃窗欣賞演前的海景，也可以走向戶外，坐在高腳吧台區或者草皮，點杯咖啡與甜點，悠閒的欣賞眼前這片美麗海岸，品嚐著略帶鹹味的海風。而除了提供海景與日落夕陽美麗風景外，店家也相當重視餐點與甜點，以「吃在當季、吃在當地」為原則，販賣手作縣產季節時蔬，自製燉肉醬義大利麵、蘑菇番茄雞蛋米飯、蔬菜焗烤、披薩、咖哩、法式吐司、日式甜點、蛋糕到法式、義大利餐點、新鮮水果製作的冰沙、水果塔等等，多元豐富種類的料理，滿足各種味蕾需求，也滿足任何時段走進來「Café やぶさち」的旅客。

　　點上了適合下午與看海的甜點，一杯盛放著

午間的太平洋海面，陽光微微透過落地窗灑進，炎熱的南國高溫，在此時此刻變得相當溫柔，而我乘坐在這最靠海的位置上，感受那一股細膩的寧靜感

新鮮當地沖繩水果製作的「綜合水果聖代」，香蕉、櫻桃、橘子、草莓，豐富滿滿的水果，一口冰淇淋、一口水果，清爽不甜膩，讓不嗜甜的我們實在很愛。另一杯則點上了蔓越莓冰沙，光是美麗鮮豔的桃粉色一上桌，就讓人心情相當雀躍，冰涼沁心的冰沙，也非常適合剛剛從海灘來到這裡休憩的我們。

沖繩，這座被海圍繞的島嶼，不管走到哪，都能遠眺那無邊無際的大海，「Café やぶさち」也不例外的讓你可以飽覽海上風光，直到日落目睹夕陽沉入海中的美景。「Café やぶさち」擁有獨特欣賞美麗海景的特色，也提供結婚新人拍攝婚紗或者舉辦戶外婚禮，可見其景色有多浪漫、迷人。

當天看完夕陽後，與日本友人一同步出「Café やぶさち」，心中充滿著感激，又再一次從不同角度欣賞到沖繩的美麗，不管第幾次踏上沖繩土地，還真是有走訪不完，許多我還不知道的秘境探索不完呀！

1. 蔓越莓冰沙，清爽的冰沙、微甜優雅的水果滋味，繽紛的色系一上桌，就感覺到甜蜜與幸福，讓人心情相當愉悅。

2. 在沖繩海島拍攝下的每張風景，都像是具有生命力般，將拍攝者與欣賞照片者，透過其畫面延伸了視覺與感受。

3. 綜合水果聖代，嚴選沖繩當季水果搭配的冰淇淋聖代，清爽不甜膩，我想適合女生也適合男生的一道甜點。

沖繩縣南城市玉城字百名 646-1（P.251）
098-949-1410
11:00~ 日落
週三公休
MAPCODE 232 500 500*00

珈琲屋台ひばり屋

經過了幾次搬遷的珈琲屋台ひばり屋,現在店址固定於沖繩縣那霸市牧志 3-9-26,在晴空與花徑圍繞下與老闆娘點上了一杯招牌手沖黑咖啡,隨意的坐在小凳子上,呼吸著花園內清新的空氣,享受著太陽的恩惠與植物的光合作用。在ひばり屋沒有固定位置,也不須正襟危坐,需要的只是盡情的享受咖啡香與午後時光,眼前這杯咖啡嚐起來格外香濃與放鬆,這種自然不做作的氣氛,我想就是當初女主人特地愛上這塊地的原因,我說也是珈琲屋台ひばり屋最吸引人、迷人之處。

沖繩縣那霸市牧志 3-9-26(P.247)
090-8355-7883
MAPCODE 33 158 332*83

35COFFEE

35COFFEE，是一款沖繩限定的咖啡品牌，很特殊的將來自世界各地的咖啡豆，藉由高溫風化過的珊瑚焙煎，因為烘焙的方式特殊，獨特的焦香香氣，絕對是來到沖繩不能錯過的特色咖啡。店家會將你購買咖啡的部分營業額，捐獻作為移植珊瑚技術之用，因此當我們在品嚐咖啡時，也是正在為沖繩的珊瑚保育出了一份心力。35咖啡在沖繩境內有許多分店，單軌列車首里站、おもろまち站，以及那霸空港站也都設有分店，國際通上的唐吉軻德也有販售咖啡粉，有濾掛包、咖啡粉等多種形式販售，是非常有特色的沖繩伴手禮。

35 咖啡國際通分店
沖繩縣那霸市松尾 2-8-19 ／
唐吉軻德 2 樓（P.247）
11:00~20:00
MAPCODE 33 157 382*43

ベトナムバイク屋台
CO'M NGON

沖繩，我們與越南餐車相遇了！

　　壺屋通位於沖繩最著名的觀光大道國際通附近，步行約 15 分鐘，街景從充滿著叫賣聲的熱鬧大街，轉變成有許多賣著沖繩陶器的傳統文化陶窯店舖，沒有劃破天際線的高樓大廈，街道兩旁連著不喧鬧的平房。而在如此安靜的街道之中，有間沖繩傳統平房老房子，前方一大空地停放了一台繽紛彩色餐車，走近一看，上面寫著「Bánh mì」，原來是賣越南三明治呀！小小的平房攤子，櫃檯上下都掛滿了老闆的手寫彩色菜單，琳瑯滿目的越式餐點供客人挑選，從越南式三明治（バインミー）、炸雞（唐揚げ）、越式河粉（ベトナムフォー）、自家製サラダ沙拉、越南咖啡（ベトナムコーヒー）、越南春捲（チャージョー）、越南啤酒（ベトナムビール）都有。而正在猶豫不知道要點上哪個餐點時，只見老闆從他的小廚房窗戶探頭出來，用英文夾雜日文熱情招呼著我們，此時語言不通沒關係，比手畫腳的點上餐點也通，老闆絕對會用熱情回應你。老闆是北海道人，娶了沖繩的老婆，所以稱自己是沖繩的女婿，因為剛有了可愛寶寶，因此特別注重食材的新鮮與產地，所以，雖然賣的是越南風格三明治，但是麵包強調自己手工製作，餡料是沖繩境內縣產的蔬菜、香菜、豆芽，以及搭配部分越南香料，而門口停放的彩色餐車會跟著老闆不定期前往活動會場或市集，成為會場上的明顯招牌。

　　當天比手畫腳的跟老闆點上的餐點是，自家製パンに 三明治&自家製サラダ沙拉。在老闆進廚房備料還沒上餐前，我們選了一個陽傘下的躺椅座位坐著，在這裡沒有過多的裝潢、也沒有提供室內座位，有的只是提供新鮮空氣與藍天白雲的戶外座位，讓每位用餐的旅客最直接迎接沖繩獨有的藍天白雲享受料理的細節。因為戶外的寬敞、空氣、氣氛、座位都少了份拘謹，多了份開闊感，而等待餐點的同時，也可以看著沖繩當地附近居民來來回回、進進出出與老闆聊天招呼著，讓這靜謐的壺屋通小型戶外區，多了一份熱鬧，沖繩的日常生活畫面就在這街景巷弄人情味中緩緩的勾勒出來。

　　當我們還陶醉在沖繩獨有的生活風景時，餐點上桌，是那越南代表色帶花邊的餐盤盛裝

的越南混搭沖繩滋味三明治，大量花生粉香味撲鼻而來，老闆自製的麵包，外觀有點像是法國麵包，但口感則是完全不同，多了份軟嫩，剛剛好的軟硬度與內餡烤的焦香而軟嫩多汁的雞肉、蛋、香菜、豆芽、番茄與少許辛香的越南香料灑下，鹹甜交融在我們的舌頭上，搭配老闆親自準備的免費冰涼檸檬香草水，哇！豐盛卻好清爽的滋味。在沖繩，因為每間店舖主人都替料理注入了用心，進而讓產地到餐桌的距離更加接近，坐在「ベトナムバイク屋台 CO'M NGON」當我們在品嚐著越南文化的同時，也吃到了沖繩最在地的健康食材。在沖繩，有許多咖啡廳或者餐廳，都需要早上 11 點以後才有營業，CO'M NGON 早晨 8 點就營業，提供了旅人吃膩了飯店早餐的多一個選項。

隨著拜訪沖繩的次數越來越多，對沖繩也越來越熟悉，讓我們印象深刻而一再拜訪的店家，幾乎是這些街角巷尾的小店家，而這種餐車與一般餐廳不同，店主與客人通常是緊密連結的，

不同於餐廳是講求快速用餐、快速流動的氛圍，可以透過餐點更直接與店主接觸與談話，總是可以很輕鬆的與店主人一邊吃東西一邊談話，讓整個旅程增添了互動與不同的記憶。而在與店主談話的過程中，也可以感受到店主活潑樂觀個性的一面，和我們談著台灣、沖繩，以及我們的相機，索性的厚臉皮跟他要求一張合照，也就很隨和的戴起他的招牌眼鏡，做出可愛的表情拍下了一張旅途中很棒的回憶，與其說是來到 CO'M NGON 用餐，反而更像是來到朋友家裡院子般野餐的自在感。

如果說一趟旅行是讓我們從中學習，那從沖繩這一間間店主更是可以學習與交流的對象，對我來說，比起形容他是店主，我更喜歡以「可愛的鬍子大叔」暱稱他，鬍子大叔的樂觀，就像那門口停放的鮮豔餐車般，在清澈的藍天下，持續熱情耀眼，很難不讓人記在心裡。

沖繩縣那霸市壺屋 1-34-8（P.247）
070-5815-8103
8:00~18:00。週一公休
MAPCODE 33 128 760*35

Shrimp Wagon Yanbaru Kitchen

可愛餐車 Shrimp Wagon 蝦子餐車，就停放於
「古宇利大橋」的美麗海岸旁。海邊搭配著餐
車，真是再適合不過的度假風光。向前點上了
一盤「雙味套餐 Garlic Shrimp Plate Mix」，
讓肥厚口感極具彈性鮮蝦與檸檬、奶油混辣味
的夏威夷風味，填滿你飢腸轆轆的味蕾。

沖繩縣國頭郡今歸仁村（P.250）
古宇利 436-1
週一 ~ 週日 11:00~17:00
MAPCODE 485 692 174*01

ABOUT DESSERT

甜甜圈 CALiN

1. 番茄雞肉佐薑黃迷迭香。酸酸甜甜的番茄與爽脆的野菜，清爽味十足，鮮豔的擺盤則與室外綠意盎然的氛圍相互映著。不管是餐桌上眼前的料理，還是那戶外藍天白雲為背景的 CALiN 小木屋，都是一幅幅療癒的畫面。
2. 豐盛的三明治，有著沖繩在地新鮮蔬菜、水果妝點著大地自然的五顏六色，遞上了豐富且營養的滋味
3. 島豆腐豆渣甜甜圈。有著與以往認知的甜甜圈口感大大不同，比較像是鬆餅與麵包結合的甜甜圈，一口咬下厚實有著大豆濃郁的香氣，讓人不管吃上幾個都不會膩。

名護小山丘上的甜甜圈小木屋

距離古宇利島不遠處，名護小山丘上的一間甜甜圈店，有著與南國沖繩限定藍天白雲般對應的一座小木屋和藍色木門，這裡是 CALiN，或許大家對這間店有著些許陌生，但其實它就是在沖繩已經小有名氣甜甜圈「shima donuts」（しまドーナッツ）的姊妹店。

因為居高臨下的地理位置，眺望遠山享受著微風輕拂臉龐的自在，門外四周綠意盎然的田園風光，在如此不擁擠環境中，聽著蟲鳴稍做休憩，盡情的放鬆身心。進入店內，透過溫暖的實木地板，將戶外大量綠色植物帶給人們悠閒放鬆的氛圍也延伸進了室內。視覺中央則是一個個剛出爐的主角甜甜圈，五顏六色的甜甜圈被可愛的擺放在木製甜點櫃裡，從後方廚房端出一個個客人點上的現做餐點，香味四溢讓人還沒入座就開始期待呈上的美食。

新鮮大豆製成的島豆腐豆渣甜甜圈

說起主打商品甜甜圈，不同於一般認知的日系甜甜圈，比較特別的是使用來自新鮮大豆製成的「島豆腐」豆渣，加入沖繩縣產雞蛋、北海道的奶油和九州的麵粉烘焙所製成的手工甜甜圈，鬆軟的內裡帶著有點厚實的口感，淡雅的奶香與鹹味，尾韻則是內餡巧克力以及香蕉自然、甜而不膩的口味。整體來說，樸質而甘甜，並不會被內餡搶走了屬於甜甜圈麵包體原本的香氣。

不可少的一定要點上一杯沁涼冰拿鐵，店家
也有貼心附上冰水，讓大家消消暑。

在地美味、季節限定時蔬入菜料理

除了甜甜圈是店內主打商品外，我們也很推薦他們家的餐點，番茄雞肉佐薑黃迷迭香，酸甜適中的番茄味搭配一旁豐富的野菜，口感飽滿，而且鮮豔的配色正好適合與室內外那綠意盎然的氛圍相輔相成，形成了一片很療癒的視覺享受。

店主利用最自然不過的繽紛蔬食，遞上了豐富且營養的滋味。盛裝的容器也像是精心挑選過，三明治自然的擺放在木頭砧板上，搭配手作陶瓷碗盤，傳遞新鮮美味的同時，也將在地美味、陶藝文化完美的溫暖呈現在餐桌上。

美味與雜貨的美好時光

除了美麗豐盛的餐點和特色手工甜甜圈之外，另外店內許多小角落都有擺放店主與其他手作藝術師合作的產品販售，其中最多的販售陶瓷藝品生活用品、傳統工藝漆器技術製成各

種配飾小物，像是「一翠窯（いっすいがま）」，以及手工植物自然染布，草木染め（藍染め、フクギ染め、茜染め）製成的頭巾、髮帶，琳瑯滿目的商品被整齊有秩序地擺放著。

心得到休息的同時，味蕾也因為健康美味的料理而被滿足

如果來到沖繩，有開車的朋友，會發現許多小山丘上都有著類似這樣一間間的木造小屋，不管位置身處於偏僻或者市中心，從店主經營內裝的氛圍風格到餐點，無不感受到其用心，沒有因為地理位置的限制而對於提供新鮮且美味的理念有所改變。而且這些店舖都沒有華而

不實或過於搶眼的裝潢及招牌，反而是走向一種內斂與樸實，默默地提供真正注入用心的食材，讓每位旅人在前來用餐的同時，不只心得到休息，味蕾也因為健康美味的料理而被滿足，這些點點滴滴的深刻感受，很難不讓人想再回訪。

各種溫暖手作藝品區，結合美味、甜點，將用餐空間增添了不少藝術氣息與療癒氛圍

沖繩縣名護市運天原 522（P.250）
098-052-8200
週二～週日 11:00~17:00
週一公休
MAPCODE 485 570 675*12

TIMELESS CHOCOLATE

在充滿濃厚異國風情的北谷町，有著一間主打從世界各地引進的可可豆，搭配組合沖繩各小島特色的甘蔗而製成的巧克力專賣店，這裡是「Timeless Chocolate」。

TIMELESS
BEAN to BAR
CHOCOLATE

・GHANA 78% ¥700 / 6pcs
・CUBA 72% ¥750 / 6pcs
・COLOMBIA 70% ¥850 / 6pcs
・VIETNAM 70% ¥800 / 6pcs
・ASSORTED GHANA x2 Sorry... / 6pcs
CUBA x2 Sold out...
COLOMBIA x2
・Cacao Beans 50g ¥500

CASHIER

Chocolate Cream
Biscuits いしみん 320

CHOCOLATE

Today's Special

Café au lait
カフェ・オレ

Cacao puzz soda

NISSA
GITANO

偌大的空間劃分著不同區域。左側是可以觀察巧克力製作的工作室；右側是擺放著琳琅滿目的咖啡甜點櫃；後方則是各種畫作與藝術品擺設。

如同走入酒吧般的巧克力專賣店

走進漫著迷人可可香氣的店內「Timeless Chocolate」，昏黃的燈光襯托著骨董與藝術收藏店般的個性氛圍，木質深色系裝潢的內裝，搭配粗曠的工業風吧檯，充滿特色的藝術品妝點著，營造略帶成熟與秘密的氣氛，甚至讓人有種進到酒吧的錯覺，猶如呼應著濃厚美式風情的北谷町。

可可與甘蔗碰撞出的巧克力新滋味

「Timeless Chocolate」是沖繩第一間以「Bean to Bar」為概念，而開設的獨特風格的巧克力專門店。「Bean to Bar」的概念意指從可可豆的購買到巧克力的製造，全部過程都是在自家的工房裡進行並完成，店內販售的巧克力，都只使用可可豆和甘蔗製作而成，沒有其他額外人工添加物。精選來自古巴、哥倫比亞、加納以及越南的可可豆，依據不同可可豆的特色，再搭配沖繩境內不同地區產出的蔗糖特性精心製作而成的多款巧克力。主人對於巧克力專賣店仍有諸多期許，目前積極希望透過與當地種植甘蔗的居民合作，希望以大量購買甘蔗說服蔗農減少噴灑農藥，讓巧克力從原料就能保留其最自然的狀態與口感，以創造出更獨特的巧克力風味，呈現給所有喜好巧克力的顧客。

與沖繩陶藝家、糕點師傅合作，激盪出巧克力的百種面貌

不單單只是販售著巧克力，老闆也與其他糕點師傅合作，製作出許多造型與口味巧克力甜點，也同時與沖繩年輕陶藝家合作，將製作好的巧克力與蛋糕，盛裝在各種充滿個性與設計的手作餐盤上，將巧克力從食物昇華到精緻的藝術品，不僅是口感與味覺的滿足，用餐過程也是一場視覺饗宴。「Timeless Chocolate」不僅是巧克力專賣店，也是一處充滿人文氣息的藝文空間。

1. 巧克力塔與一旁的冰淇淋，融化成一幅最美的甜點景致。
2. 店內的巧克力與甜點吸引人之外，再來就是這些具有設計感的盛裝甜點盤。
3. 近距離欣賞製作巧克力的工作室。
4. 復古風格的畫作，也與 Timeless Chocolate 相呼應著美式風情格調。

沖繩縣中頭郡北谷町美浜 9-46
ディストーションシーサイドビル 2F
（P.249）
098-923-2880
11:00~20:00
MAPCODE 33 525 539*60

ABOUT DESSERT

YES!!! PICNIC
PARLOR

可愛繽紛，賣你彩色雪花冰，也賣你超美味三明治！

在沖繩住宅區的巷弄中，有著一間色彩繽紛的小店舖，遠遠就可以發現店外可愛紅白的線條帆布、一張俏皮黃色系桌椅下方有著一小塊綠地草皮，都市街景中有著小花園的俏皮，店內美式裝潢綴著繽紛小物，是許多美國熱鬧街頭常可見的甜點小舖模樣，現在卻是置身於沖繩，周邊不是熱鬧的美國購物街區，而是有著一排排住宅的沖繩那霸市。

位於 58 號公路沿線，安謝陸橋旁，YES!！！PICNIC PARLOR 這間顯明顏色繽紛的可愛小店，它是賣三明治也賣冰品的清新美式風格小舖。外觀有著鮮豔五彩繽紛妝點著，很容易讓人一眼就發現它，屋內以清新薄荷綠和木質色調為基底，帶點日系清新又同時透過牆面螢光字母燈具與美式小物擺放點綴著，而有美系的風味存在著，可愛的店內裝潢，一踏入就激起少女心，拿起相機就不停地拍照。

這裡是店主與太太一起經營的三明治店，從小就很愛吃三明治的店主人，特地準備了許多口味的三明治組合套餐，也販賣可愛的冰品和五顏六色的裝潢，不只男女老少、左鄰右舍，甚至是長輩們、路過的小學生和旅客、年輕人都可以享用美食與甜食的歡樂地方。

在這個小小空間裡，處處都有驚喜，牆面上螢光燈照亮的美式字體、薄荷綠椅子邊的天鵝擺飾，還有裝在量杯盛裝的繽紛刨冰，許多小細節都讓人會心一笑，像小孩般覺得愉快。而門口處還有著一小塊綠地，上面擺了張顯眼的黃色桌椅，店主說它旅行在外，時常看到大家在草皮上野餐很歡樂，因而有了這個構想在店門口設置一處有綠地草原。

來到店內，在琳瑯滿目的三明治菜單中，挑選了聽說是店主小時候很愛吃的火腿奶酪胚芽三明治口味（ハムチーズサンド），外層胚芽粗糙口感的麵包體與內餡的美乃滋、切達乾酪帶出的軟嫩柔滑口感混搭著，口感上一乾一濕

以及咀嚼後會跳躍出一點胡椒香氣，看似基本款的三明治口味，卻是讓人吮指回味；搭配加價變成套餐，薯條與咖啡讓三明治更添美式風味，而另一個人氣三明治口味則是豬排味噌三明治，使用來自久米島的味噌，繼承父親料理味噌的手法，搭配厚切炸得酥脆的豬排，非常

好吃。而說起店內另一個主角，冰品！代表沖繩海島的色系，藍色夏威夷藍刨冰口味（ハワイアンブルー），有著像似薄荷香氣的糖漿被大幅度的淋在冰上，每口品嚐起來都像是優游在大海之中，頂著夏日豔陽，視覺和口感都充滿沁涼。

冰淇淋ソフトクリーム（フルーツシリア）

　而有著營養早餐片一起的冰淇淋也相當可愛美味，濃郁的奶香冰淇淋與彩色早餐片，兩者一起融化在舌尖上，甜度剛剛好的吃下後帶給了滿滿的幸福感！

　下次來到沖繩那霸市區，想著上哪吃冰呢？不要忘記這間 YES!！！ PICNIC PARLOR，感受一下店主與太太提供給大家的赤子之心歡樂之地。

沖繩縣那霸市安謝 183（P.246）
098-943-5806
週二～五 10:00~19:00
週六 9:00~19:00
週日 9:00~17:00
週一公休
MAPCODE 33 247 171*40

ABOUT DESSERT

瑠庵 ruan+
島色 shimairo

瑠庵＋島色

OPEN

粉嫩色系的草莓與田野綠色系的抹茶口味，形成了最美好的甜點風景。

炎炎盛夏，嚐一口冰的沁涼時刻！

在藍天白雲下的自在地開車自駕，是我最喜歡的沖繩日常，除了西岸 58 號縣道以外，東岸的海中道路也是一條景色超棒的兜風路線。夏日的沖繩，除了熱情的豔陽之外，更不能錯過的就是嚐上一碗刨冰！

沿著海中道路行駛，經過平安座島，接著就會進入宮城島，循著地圖導航沿路風景都是那一望無際的田野與海岸線，實在讓人一度懷疑，這附近真的有一間繽紛的刨冰專賣店嗎？當這樣的想法漸漸浮上心頭之際，開進了一個轉角的巷子，到了！一棟高高獨立，以著最自然不過的綠色油漆刷成的外牆，搶眼地提醒旅客，

這間就是「瑠庵（ruan）＋島色（shimairo）」。

「瑠庵（ruan）＋島色（shimairo）」是一間陶藝品結合當季水果刨冰專賣店，將當季水果製作成刨冰，並用陶藝品盛裝上這份熱情的刨冰。早期居住在石垣島的店主，因為愛上沖繩而決定來此生活，並萌起開設刨冰店的想法，因此特地前往日本本島知名的刨冰店學習了 3 年多，更因為結識了一位陶藝家，對於刨冰店的想法有了轉折，決定將陶藝與刨冰結合，就這樣誕生了具有文藝氣息又兼具美味的「瑠庵（ruan）＋島色（shimairo）」。

陶藝品結合當季水果刨冰專賣店

光是刨冰基本口味就有近 10 種可以選擇，然後在這些口味上，還可以選擇添加其他像是紅豆、草莓、牛奶等等，讓口感更加豐富，以及還有些是不定期推出的限定口味。一時間每種都想品嚐看看的我們，看了看鄰桌，決定就點上那每桌都有的草莓牛奶刨冰，以及抹茶口味的刨冰。

可愛帶著粉紅夢幻色系的草莓牛奶刨冰，趕緊趁著沒融化前，貪心地用手中的相機盡情捕捉眼前有著彩色陶藝盛裝的可愛刨冰，然後，迫不及待的吃上一口，哇！軟綿綿的就像雪花般的細膩口感，滿口草莓甜蜜香氣；而另一個也很精采的抹茶口味刨冰，則是很特別的保留了抹茶本身的苦澀，特意襯托出店主親手調製的糖漿，與草莓口味相比，完全又是不同的口感體驗。此外，店內還因應秋冬季節，也有推出生薑口味甜品，讓大家一年四季，走進「瑠庵（ruan）＋島色（shimairo）」，都能品嚐到不同的驚喜甜點。

除了冰品，另一個很特殊則是也有賣咖哩飯，而且還是主打鮮蝦口味的泰式咖哩，除了自製泡菜，並不定期更換季節性蔬果配菜，讓想吃冰或想填飽肚子的你，兩種需求都可以一次滿足！而品嚐完冰品外，也可以逛逛店內一整區擺放的陶藝作家作品，如果喜歡也能現場直接購買哦。

1. 有時人潮較多，需要在外等待排隊，但因為這一排可愛座椅有著繽紛的色彩，讓人等待時心情也相當愉悅。
2. 店內一角落就是陶藝作家藝品區，喜歡都可以現場添購。
3. 抹茶刨冰，最特別的就是保留了抹茶的苦味，茶香十足、相當清新的口感。

沖繩縣宇流麻市與那城桃原 428-2（P.248）
050-3716-4282
11:00~17:00
週二、三公休
MAPCODE 499 672 452*76

ABOUT DESSERT

マジェンタ エヌ ブルー
MAGENTA n blue

沖繩縣國頭郡恩納村瀨良垣 1780（P.250）
080-2540-7373
10:00~16:00
MAPCODE 206 313 145*21

美式度假風情果汁店！風靡少女打卡小店！

　　順著沖繩最美的 58 號公路北上抵達恩納村，這裡林立許多度假村，遍布漂亮的沙灘，清澈見底的海水，充滿著濃厚的度假氣氛，這或許是「MAGENTA n blue」選擇在這邊開幕的原因之一。

　　只要是經過 MAGENTA n blue，就很難不被可愛的配色所吸引，偌大寬敞的店面，誠如店名 MAGENTA n blue 以充滿少女心的粉色與沖繩代表藍色系為主體色調。而門口放置不定期更換的大型造景，以愛為主題的愛心氣球、花朵、仙人掌泳圈和幾張木椅等等，光門口的飲品菜單就是很多人的最佳相片，每個小角落都充滿著精心設計，讓人還沒進到店內，就已經停佇在這裡拍上好幾張照片，即使位置不臨海，營造出了完美夏日氛圍，彷彿來到了海灘旁海邊小屋的輕鬆。

陽光美式活力果汁店！以沖繩縣產水果製作而成的冰沙

接著進到店內，迎接我們的是吧檯前大大英文字 LOVE，使人放鬆的大片草皮，還有彩色露營帳篷與高掛的鳳梨造型泳圈，成為所有來訪的女生，必拍照打卡場景之一。

當然飲品也要夠可愛，能夠襯托整間店舖。MAGENTA n blue 主打果汁冰沙與氣泡飲品，水果強調使用來自沖繩縣產農家的新鮮水果，從檸檬汁、薑汁汽水到熱帶水果冰沙、芒果、草莓、火龍果，每種口味都是店內的招牌，繽紛的熱帶水果有著濃厚的海島滋味，除了豐富顧客的視覺享受，也能健康地品嘗到百分之百的沖繩純正熱帶水果。在眾多口味中，我們點上了店員很推薦給女孩們的「Redpine mango smoothie」，這杯是結合芒果與鳳梨兩者口味的水果冰沙，透明杯中呈現一層層鵝黃色、淡雅的粉色，整杯豐富色澤，猶如花園般繁花盛開的繽紛景色，口味是不會過於甜膩的清爽口感，解渴也解暑的夏日滋味；以及另一杯則是很適合男孩們的「Gingerale」，薑汁汽水俏皮的氣泡口感添加點蜂蜜之後，有點像在喝果汁汽水般的口感相當層次豐富，提供男孩們不愛

喝果汁的另類選項。而店主相當貼心，在每杯外帶杯子都別上了不同的造型裝飾，有的是愛心，有的是向日葵或者一朵花，繽紛可愛的造型，讓人才從店員手中接過，心情繽紛跳躍的又開始拍上好幾張照片。而店內雖然沒有規劃座位區，一片綠油油的草地就是大家最棒的暫時休憩區，拍照累了索性就坐在草地上，或者也可以邊喝果汁，一邊逛逛店內販售的小物。MAGENTA n blue 也是選物店，從夏日居家布置小物到戶外泳衣、泳圈、服飾等，美式度假風情的複合式空間讓大家可以享用果汁的同時也能選購商品。

穿過一樓的小庭院，記得循戶外樓梯往上走，可以抵達二樓空中戶外花園，整個戶外開放空間同樣也擺放著大型繽紛的愛心裝置，以及許多色彩鮮艷的木椅可以讓大家坐著休息與拍照，與剛剛一樓室內的香甜粉紅氛圍，又有著不同感受。來這喝杯果汁，有新鮮水果、有花、夏日造景小物與選物商品，無疑是視覺、味覺的多種享受啊，更是擁有少女心的女孩們，推薦必來的打卡小店！

麵包 パン屋 水円
Bakery Suien

沖繩縣中頭郡讀谷村字座喜味 367（P.249）
098-958-3239
10:30~ 日落（售完即打烊）
週一、二、三公休
MAPCODE 33 854 097*54

1. Lunch set 中有著每日精選雜糧麵包、佐配蘿蔔絲、柳橙片、生菜、紅石榴，滿滿豐富色系都是來自最天然的食材，不只吃得營養，心情也好的不得了！
2. 喜歡顏色討喜且口感獨特的火龍果麵包，口感有著裸麥的麵包香，內餡帶點果乾的滋潤，以及一旁的健康款葡萄雜糧麵包，老闆透過一款款健康麵包，傳遞沖繩的自然美好滋味。
3. 特調果汁汽水，充滿清新檸檬、澄香香氣中，有著夢幻般的氣泡不斷發出可愛的聲響。

最真實的麵包滋味

喜歡來沖繩自駕，除了因為可以不用被大眾交通工具時間束縛，另一個原因則是可以自由的蜿蜒於鄉間，找尋在地的美味，「パン屋 水円」位於讀谷村，不僅僅吸引著當地沖繩人、日本人，甚至有更多慕名而來的歐美旅客。店內僅僅 5 到 6 桌的位置，如果沒有事先預約訂位，或者是剛開始營業就入座，通常都得等上好一會或只能選擇外帶。6 年前店主來到讀谷開了パン屋 水円，以一貫的職人精神，用天然酵母製作，未添加任何蛋或乳製品，從麵糰到烘焙，全部都由店主一人包辦，烤麵包的位置就在店後方，隨著麵包出爐，濃郁的香氣瀰漫在沖繩的鄉間。

整間店就像是小小森林的縮影，屋頂懸掛的綠色植物、木頭色系的麵包櫃體、餐桌長椅和窗框，就像是在室內進行了一場森林沐浴般的清爽，而透過玻璃看出去的風景，不管哪個角度也都是那院子、山坡上種滿的各種植物，讓人感到心曠神怡，然後看著美味可口的麵包陸續出爐擺放著，更讓人期待稍後上來的餐點。

在自然粗曠的風格中，眼前的料理擺盤卻相當細膩，首先是 Lunch set，葡萄乾雜糧麵包（Sultana bread）、每日精選雜糧麵包（Calends bread）與一旁新鮮蔬果，火龍果、柳丁片、綠色蔬食、納豆類，盛裝的器皿選上那帶有溫度的紋路，與主打天然酵母的自然樸質呼應著，其餘像是單點顏色討喜的火龍果麵包，口感有著裸麥的麵包香，內餡帶點果乾的滋潤，以及一抹旁邊附上的乳酪，是女孩們會喜歡的一款麵包，豐盛早午餐給你滿滿元氣與健康的同時，也透過這些最自然的蔬果顏色，妝點了早晨，讓人有著美好的心情。

パン屋 水円，吸引的不只是可以抖掉都市塵埃，悠閒於鄉間氛圍，還有新鮮手作美味麵包，並結合陶藝文化，以最到位的姿態呈現在餐桌。來到沖繩，每回品嚐到這樣自然、新鮮手作的食物，真正體悟產地到餐桌的近距離，也離自己最嚮往的自然生活樣貌，更靠近了。

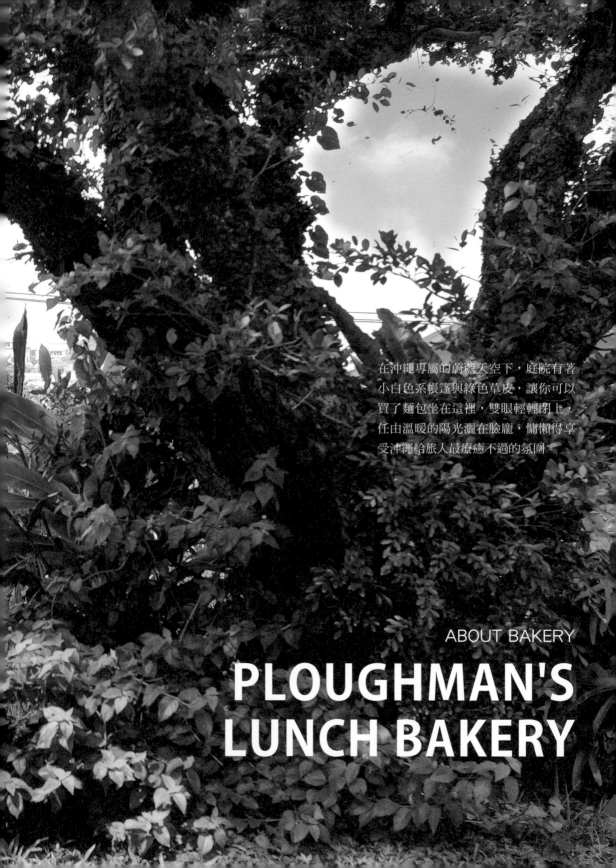

在沖繩專屬的蔚藍天空下，庭院有著小白色系帳篷與綠色草皮，讓你可以買了麵包坐在這裡，雙眼輕輕閉上，任由溫暖的陽光灑在臉龐，慵懶得享受沖繩給旅人最療癒不過的氛圍。

ABOUT BAKERY

PLOUGHMAN'S LUNCH BAKERY

在沖繩遇見簡單英式風格早晨
風格樸實卻是實實在在的好味道

在陽光灑落的沖繩，開車蜿蜒在山路中，發掘與找尋一間間質樸小舖，是一種旅程中的享受。位於沖繩中部地區偏東側的北中城村（きたなかぐすくそん）是一個地勢稍高，面向中城灣的區域。在這裡有著一間需要走過蜿蜒公路，徒步階梯後才能到的溫馨麵包店舖：PLOUGHMAN'S LUNCH BAKERY

小山丘上的 PLOUGHMAN'S LUNCH BAKERY，是一間老屋改造、被繁密綠色藤蔓圍繞的小木屋麵包舖，前方有一片綠油油的寬敞庭院，擺放了一張長桌與幾張小張木椅，一頂懸掛在樹下的白色帳篷椅，一旁則是老闆的蔬果園，不時可以看見老闆進進出出採下剛收成的香蕉，跟著陽光下穿梭在小樹叢中，枝葉樹縫間就可遠眺中城灣海岸的海景，來到這裡，有種遠離世俗的隔絕感。

木質暖色調為主的裝潢、粗糙卻有質感的一張張餐桌椅，一盞溫暖的黃燈投射在漆著靛藍色系的牆面，柔和的光線灑落在一排排以編藤籃子盛裝著總類繁多的麵包上，什錦口味、麥子香氣麵包、可頌麵包，撒上白色糖粉的黑麥麵包，看似樸質無華的麵包，卻提供了最健康且同時也相當美味的理念，來自家庭院種植的蔬菜、水果入餡，替每位前來用餐的旅人，提供了健康且新鮮的在地菜餡。視線從麵包移開，透過木框窗戶可以看見戶外的林木蓊鬱，而桌椅邊的椅子來自窗邊天光自然的撒落，一幅幅夏日森林綠意生動地呈現在眼前。室內隔出許多擁有獨特光線與寧靜氛圍的空間，有的適合與好朋友多人一起在木頭長桌，一同分享的美味的早午餐；有的適合一個人，坐在窗台前讓臉龐與心靈享受充沛陽光帶來的暖意，隨著烤

1. 早午餐套餐 morning plate special。麥香氣味十足的雜糧麵包、自製鮪魚沾醬、生菜沙拉、煙燻火腿、軟嫩口感炒蛋與百分百新鮮果汁。
2. 雜糧款麵包，是我到每間麵包舖都會點上的一款，這間也同樣深得我心的很喜歡。
3. 老件與花草妝點的空間，與那戶外的綠意庭院相呼應著。

1. 一進門之後就會看見許多剛出爐的麵包，我想你的第一個念頭應該跟我一樣，到底該選哪一個？
2. 喜歡著被綠意包圍的鄉村氣息，以及不遠處海岸送入庭院的薰風，坐在這裡品嚐上一口口 PLOUGHMAN'S LUNCH BAKERY 用心製作的麵包，是旅行沖繩時，最喜歡的模樣。

爐不停火的繼續烤出一盤盤香噴噴麵包，現煮的咖啡香緩緩的從廚房飄出，讓視覺與嗅覺都被刺激，忍不住飢腸轆轆了起來。

記得當天來訪，是一個平日的早晨，我們選擇可以看見麵包出爐的前方座位，背後則是窗外可見的一整片綠色系小森林。 我們點了一份早午餐套餐 morning plate special，編籐籃中放的是外皮酥脆，可以吃得到芝麻、小麥香氣，口感帶有點韌性的小麥與雜糧麵包、一旁則是軟嫩柔滑口感的煎蛋、清爽口感的蔬菜水果沙拉、煙燻生火腿與店舖自製鮪魚沾醬，還有味道濃郁卻甜而不膩的南瓜湯，和一杯適合早晨的 100% 果汁，一份簡單而豐富的早餐，不管是來自田園的純粹食材，還是香氣與食物擺盤，都同樣令人感到愉快。

來到 PLOUGHMAN'S LUNCH BAKERY，不管是極簡卻不失質感的室內氛圍，還是那散發自然的戶外庭院，都同樣讓人覺得療癒，溫暖的捨不得離開，而早上 8 點就營業的 PLOUGHMAN'S LUNCH BAKERY，比起市區許多 11 點才營業的店家，這裡提供了旅人最棒的時間行程規劃，早晨，用麵包開啟美好的一天吧！

沖繩縣中頭郡北中城村安谷屋 927-2
（P.249）
098 -979- 9097
8:00~16:00
週日公休
MAPCODE 33 440 756*25

Pain de kaito

「紅芋丹麥麵包」，店內熱賣商品之一，店主和本雅一，將沖繩縣產紅芋製作成不甜膩的酥脆丹麥麵包，是很推薦來到 Pain de kaito，一定要品嚐看看的在地特殊口味。

「其實我原先是住在橫濱從事麵包店的工作，但工作實在過於忙碌，外加熱愛海洋，因此，決定搬來沖繩這裡開間麵包店，一方面繼續投入對於麵包的熱愛，另一方面，也讓自己的生活可以透過南國沖繩而有了平衡與緩頻。」店主河本雅一。

「Pain de kaito」本店位於名護市，幾次都是在前往美麗海水族館路上順道購買，現在終於不用特別跑到名護，去年（2017）店主在那霸開設了分店，讓旅客可以更容易的買到老闆細心製作的麵包，享受來自沖繩北部的美味。「Pain de kaito」主打「天然酵母」和「糙米」為主的硬質口感麵包，以及來自沖繩縣產的蔬果製作而成的三明治和水果塔等等，每回走進店內，琳瑯滿目的口味總是讓人有選擇障礙的不知該先嚐鮮哪一款好，而店內幾款人氣商品，「法國麵包」、「菠蘿」、「紅芋丹麥麵包」等等，常常是一上架就銷售一空，而近期更推出了大受好評的「離乳麵包」，只用小麥、鹽、

水、酵母做成，不添加砂糖、雞蛋及牛奶等成分，讓小孩也能安心食用。另外一點，來到這會發現，麵包售價都相當平易近人，那是因為店主希望，「Pain de kaito」賣著是一款日常樸實麵包，而非是一種昂貴不可天天品嚐的麵包，因此除了採用在地食材，並且結合適中的價格，讓所有人都可以品嚐到麵包的好滋味。

不管是名護本店，還是新開的那霸分店，都是以樸實外觀的簡單裝潢呈現，名護本店，以綠和灰色系刷成外牆，那霸分店則是低調的灰色系外觀，雖然裝潢簡單，店主提供的麵包卻相當豐富，種類豐富。

而回頭說起店主河本雅一，他對於沖繩的愛

好，其實早在多年前與妻子一起來旅行時，想於沖繩生活的想法就已在心中萌芽，原本假日就喜歡往海邊跑的店主，更是將自己的孩子也取名叫做海，在沖繩開設了 Pain de kaito，落地生根，也算是實現了自己與妻子對於理想生活的願望。

而現在因為麵包店所需要用的食材，近幾年認識了不少當地農民，也透過認識與運用這些食材，提供著新鮮製作，兼具口感也健康的各款麵包。而店主希望在一個悠閒的環境販售麵包外，透過這樣一間小店，直接與顧客面對面，傳遞每一個自己親手製作麵包的用心，以及與這附近的居民產生一種生活中最重要的，人與人之間的連結。

Pain de kaito，我想，是河本先生的心靈避風港，也是旅人開起早晨最棒的方式。透過 Pain de kaito 滿足了我們尋找美食的渴望，店主也找到了最想要的生活方式。

名護本店
沖繩縣名護市宇茂佐の森 4-2-11
（P.250）
098-053-5256
8:00~19:00
年中無休
MAPCODE 206 655 714*27

那霸西町店
沖繩縣那霸市西 2-11-8　グレンディールコート西町 1F（P.246）
098-975-9499
8:00~19:00
不定休
MAPCODE 33 155 075*50

1. 選上了幾款麵包，不管是哪個，一口咬下都是那純粹的麵包香氣，氣味緩緩融化，與隨之融化散發出的鹹甜滋味與飽滿感。
2. 店內人氣商品，法國長棍麵包，常常一上架就銷售一空。
3. 看見這可愛的門口，就知道美味的麵包舖到了！

ABOUT RESTAURANT

POSILLIPO
自然派沖縄！

坐擁瀨長島 360 度海景視野
品嚐沖繩縣產蔬食混搭異國料理

距離那霸機場僅僅開車 15 分鐘的瀨長島，可以近距離欣賞飛機起降，還有波光粼粼蔚藍海洋，這兩年已成為觀光客必訪的景點。主打沖繩當地蔬食結合異國料理的餐廳「POSILLIPO（ポジリポ）」隱藏於瀨長島的小山丘上，居高臨下的地理位置提供了用餐訪客絕佳的視野景觀。

來到 POSILLIPO（ポジリポ），無論坐在哪個位置、室內或戶外，都可以清楚的看見眼前無遮蔽的海景視野。

餐點主要是南義大利料理。採用義大利空運來的各種乳酪，結合沖繩在地蔬食製作成多款口味披薩，經典瑪格麗特、乳酪披薩、茄子和煙燻奶酪披薩、還有鮭魚與蝦的海鮮義大利麵、前菜中的沙拉也是運用在地當季食材做變化，更是貼心的提供了單點以及套餐，套餐中又分別有 1600 至 3500 日幣多元選擇，滿足不同預算需求的旅客。

1. 蔬食義大利麵，嚼勁的麵條帶有橄欖油的香氣，以及一旁的沖繩縣產蔬菜，清爽的不膩口。
2. 靜靜地欣賞午後陽光斜照在海岸線上的夢幻景色。
3. 室內空間也相當棒的提供了視野可以穿透欣賞海洋景色的玻璃窗設計。

此外，在 POSILLIPO 的樓上有另一間酒吧「MARE」，營業時間為黃昏前 30 分鐘至晚上 12 點整，12 月整個月會關閉。這間酒吧位置因為又比 POSILLIPO 更高，視野更棒。

來到瀨長島，千萬別急著離開，與三五好友一起旅遊的旅伴，來 POSILLIPO 點上幾樣帶有異國風味的菜色，選上一支適合當天心情的酒，好好享受這真材實料的平價料理，以及沉浸在讓人迷戀不已的海景裡。

備註：

1. 餐廳位置就在瀨長島，延著道路往山坡上走就會看到，在瀨長島入口停車廣場，走路上餐廳約需 5~8 分鐘。

2. 營業時間會隨著餐廳舉辦活動而調整，建議預約位置後上官網查詢當日營業時間。

3. 戶外座位（テラス席）只接受電話預約，因此建議請信用卡秘書代訂位；並且只接受 13 歲以上的小孩入坐戶外區，要註記你要訂的是 terrace seats。

4. 餐廳規定，用餐時請勿穿著短褲或隨便的服裝，希望大家務必遵守。

沖繩縣豐見城市瀨長 174-5（P.251）
098-851-1101
11:00~24:00
MAPCODE 33 002 605*15

琉球茶房 あしび

因為複雜的時光背景，中國、日本、美國三種截然不同的文化融合在沖繩這座獨特的小島，除了外來文化之外，作為琉球王國政治、外交、文化的中心而聞名的首里城，就是大家最耳熟能詳的觀光景點。這裡也是當時琉球國王居住的城堡，而走訪完首里城之後，徒步約5分鐘，有著一間擁有60年以上的古民宅，是「琉球茶房 あしびうなぁ」。

琉球茶房 あしびうなぁ，以沖繩傳統料理聞名，前身是「美里御殿」（みさとうどぅん），琉球王朝時代大臣的住宅遺跡，訪客先經過一段田園綠意的小徑，來到了木門前，脫下鞋之後進入這間充滿著傳統的寧靜餐廳。長型木地板迴廊旁，皆是舖上榻榻米的坐榻區，散發出愜意的自然氛圍。走過長廊，在還沒到預定的位置前，光是一桌桌撲鼻而來的香氣和精緻的擺盤，就已讓人滿心期待等會上桌的佳餚。即使當天是平日下午非用餐時刻來訪，店內仍已經滿座。

最熱門的位置莫過於就是一旁一位難求的「御庭」涼亭座位區，坐在這裡用餐，對面就是日式園林「枯山水庭院」，是日本庭院意境中相當具有禪意的庭院造景之一。整個視覺概念是以沙取代水，以石頭代表山，而沙子上面的紋路則表示水流的痕跡，呈現整體寧靜的視覺感，以枯山水佐餐，生機綠意疊在眼中。而座位上方屋簷的遮陽，加上微涼陣風徐徐吹來，不必擔心日曬而炎熱，又比室內座位更能接近欣賞日式庭園造景的自然區域，因此最受歡迎。

餐點菜單部分，除了日文還貼心的標上了中、英、韓文，可見這裡很受外國遊客喜愛。除了一定要點上的沖繩麵（okinawa soba），豬骨與雞湯熬成的濃郁卻清爽至極的湯頭，也有像是豬肋骨麵（soki soba）、豬腳麵（tebichi soba），以及沖繩傳統家庭料理中都會有的炒苦瓜、炒豆腐等等，色香味俱全，餐點的多樣化滿足所有前來的旅客。

這樣的環境不僅僅是讓人將焦點放在歷史本身上，也是一種透過跳脫不同於現代流行的餐廳，讓人得以喘息，享用傳統料理時也細細品味沖繩的歷史文化。

沖繩縣那霸市首里当蔵町 2-13（P.246）
098-884-0035
午餐 11:00~15:00（沖繩そばと定食）
晚餐 17:00~23:00（最後點餐時間 22:00）〔泡盛と琉球料理〕
感恩節或者培訓員工日不定時休
（會公告於餐廳官方網頁上）
MAPCODE 33 161 798*87

海風よ Sea Breeze

「海風よ」（Sea Breeze）座落在 58 號公路側，如同店名般的靜靜依傍在恩納海岸旁，獨享沖繩最美麗的海岸線，店內有著幾隻慵懶的貓咪相陪，小小的店家販賣著出乎意料之外的美味創作料理。隱身在巷子裡的角落，抵達時會看見一處小小的招牌豎立在巷口，將車停妥後，如果天色夠亮，沿著巷子走到底，僅要 20 步的距離就是沖繩迷人的海，映入眼簾的盡是大海藍天，坐在店內透過全開的窗戶也可以瞥見海天一色。

當天抵達時，已接近打烊時段，店內僅有一桌在地人，看著大包小包的我們，店員很貼心給了我們多人使用的榻榻米包廂，才入座，店內的貓咪躡手躡腳悄悄地溜進包廂，好奇的目光咕嚕咕嚕在我們身上打轉，不一會兒自己找了角落，各自窩在一角，沒多久每隻都毫無防備的進入夢鄉。

店內販賣各種新鮮海產料理、義式料理和沖繩的食蔬野味入菜，生魚片、Agu 豬、海葡萄、島豆腐沙拉和塔可飯等等都是店內招牌，首先上桌的生魚片，新鮮彈牙的魚肉驚豔了我們，灑上起司的義大利麵，酸甜的口感引得我們食欲大開，炸得酥脆的薯條，如同聯合國般的綜合料理上桌，手藝絕佳的師傅，用當地食材做出結合日、西式，目不暇給、種類豐富的美食

佳餚。當然還有不能少的啤酒！有了啤酒，正是適合南國宵夜的最佳配角，對了，店內也有提供部分時段的 90 分鐘無限暢飲。

在等餐的同時，也欣賞著木雕工作者手工打造，融合南洋與夏威夷風格的裝潢，店內桌椅幾乎都是以木頭手工製作完成，尤其是那大大木製吧檯，馬上讓人有了像在海邊棕櫚樹下用餐的視覺氛圍，將大地最自然的景色，引進了室內。享受美食的同時，就像同時享受著海風與南國慵懶的氣息般，讓人感到放鬆。

帶著旅客體驗美食與海景的巧妙融合滋味，提供最鮮美的佳餚，身處異鄉的我們，在皎潔月光下，映照窗邊點亮的一盞盞溫暖燈泡，帶著酒意享受置身海岸邊的在地美食，身旁還多了幾隻呼嚕大睡的小貓。店內溫柔熱情的南洋曲調輕彈、燈泡光影隨著海風搖曳，人生中難得的靜謐時光，「海風よ」（Sea Breeze）提供了味蕾與靈魂最好的慰藉。

沖繩縣国頭郡恩納村名嘉真 2606（P.250）
098-967-8222
17:30~23:00（最後點餐時間 22:30）
不定公休
MAPCODE 206 411 111*73

滿滿一盤新鮮生魚片，沾上一點點
哇沙米，大口配上一杯啤酒，啊，
滿滿海的畫面浮出。

クルミ舍

「生活，從好好吃飯開始。」

　　不管是清新療癒的風格還是美味料理的滋味，都讓人無法抗拒它的召喚。沖繩中部，距離知名購物城 AEON MALL 不遠，有一處位於半山腰，隱藏著一間有如置身在世外桃源般寧靜的咖哩店，這裡是「クルミ舍」。這邊附近一帶多半仍保持傳統平房住宅，附近沒有大量的商圈進駐特別顯得寧靜，是間很適合來到這裡好好吃飯休息的地方。

　　クルミ舍的餐點以咖哩為主，餐點一上桌立刻讓人覺得療癒，整個套餐以木質餐具盛裝上桌，並且搭配那陣陣飄來濃郁咖哩香，光擺在桌上就是一場豐盛的饗宴。店內主打以十種以上辛香料調製而成的咖哩口味，有雞肉、豬肉或魚肉，辣度可以選擇。我們點上的是「咖哩雞肉」，香濃咖哩香氣，品嚐起來吃到微微辛辣與多種香料調配而成的豐富層次，雞肉更是熬煮的軟嫩多汁，而搭配咖哩的米飯上面則是放上了營養十足的榛果與南瓜子，讓我們吃進米香 Q 軟的同時更添立體口感，每口都吃得出細節，看得出店家對於料理的環節一點都不馬虎。飯後可以點上一杯粉嫩繽紛色系「苺と蜂蜜のラッシー」（草莓蜂蜜優格），讓甜蜜蜜的滋味替午後旅程畫下完美句點。

沖繩縣中頭郡北中城村渡口 1871-1
（P.249）

098-935-5400

11:00~16:00 週日公休

時常不定時公休，請參考臉書官網

MAPCODE 33 472 750*82

無添くら迴轉寿司

人氣扭蛋壽司「無添くら迴轉寿司」
邊吃壽司邊玩遊戲拿免費扭蛋

　　已經進軍台灣的無添くら迴轉寿司，據說日本的口味還是與台灣略有不同！在沖繩總共有 5 間分店，我們最常去的 AEON Rycom 分店，位置就在主要商城旁的 VillageA2F，強調食材不使用人工甜味劑、人工色素以及人工防腐劑等，以健康、新鮮食材為導向。最有趣的是不同的送餐方式，除了轉盤上會有師傅做好的壽司，也可以透過螢幕指定菜色，而師傅做好後會用輸送帶自動傳送到你眼前，非常有趣。另外推薦的原因是，吃完壽司將盤子放入回收凹槽，集滿五盤螢幕上就會出現小遊戲，扭蛋機會隨機贈送一顆扭蛋！來到這不但可以品嚐新鮮健康料理，也可以體驗邊吃邊玩的樂趣，很推薦全家大小來到沖繩，來一訪的有趣餐廳。

イオンモール沖 ライカム Rycome villageA2F（P.248）
098-923-5177
10:00~23:00
全年無休

ENTRO soup&Tapas エントロ スープ ＆ タパス

這裡是一對小夫妻創作夢想集散地。男主人是料理主廚，女主人則是玻璃藝術工作者，一進到店內，會先看到大型 L 料理工作台，這裡是先生夢想與熱情的起點。不管點上哪份餐點，男主人都會以食材和醬料妝點整道主食，像是當天點上的炸魚排，男主人則是以青醬在餐盤上作畫，口味也不馬虎的將軟嫩的魚肉表層炸得金黃酥脆，內軟外酥脆，一上桌立刻溢散出誘人香氣。而說起女主人的興趣，則是那一個個倚在窗邊、角落、檯面等等的玻璃藝術品。

來到這裡，不管是料理、藝術品還是人，我們都同樣喜歡，雖然彼此的成長環境和語言不同，每次我們的不預期到訪，總是迎來男主人的熱情迎接，透過每一個微笑與翻譯軟體之間幫忙的互動，我想我們彼此都感受得到那對生活中有著某種同樣的共鳴，只是他們是透過一道道精心料理和精美手作物呈現，我們則是透過一段段的旅程，與他們熱切交流著，彼此分享著生活中美好片刻。

沖繩縣名護市為又 1220-21
（P.250）
098-059-6778
週一至週六
12:00~15:00、18:00~24:00
MAPCODE 206 746 077*80

Cafe Curcuma カフェくるくま

　　位於懸崖上的「Cafe CurCuma」，得天獨厚的地理位置提供無死角的無限海景，如果天氣不錯，絕對建議訪客們一定要到戶外座位區，可以隨意找個椅子坐下或者自由地散步，在海風吹拂下沉靜的仰望藍天與大海，奢侈的享受著眼前冰品。甜點「Tub Tim Krob」，盛裝在高腳水果杯內，主角是繽紛的芋圓，下方則巧妙地結合了栗子與椰奶兩種基底口感，一口入喉，喝到的是那豐富滋味與夏日的清涼。

　　如果不想吃冰品，絕對要來嚐嚐招牌的泰式咖哩，出生於泰國的主廚，將來自東南亞的元素帶入沖繩，搭配自家種植的配菜，提供來到這裡的每一位訪客新鮮好吃的料理，美味出色的咖哩，這間餐廳更獲得 Tripadvisor Certificate of Excellence 的優良評價與泰國政府的正式認證。

　　讓滿滿的海景與甜滋滋的甜點，增添沖繩這趟旅行的甜美回憶

沖繩縣南城市知念字知念 1190（P.251）
098-949-1189
秋冬時間（10 月～ 3 月）10:00~19:00
春夏時間（4 月～ 9 月）10:00~20:00
週二 10:00~18:00
MAPCODE 232 562 891*11

十勝ホルモン KEMURI

來到沖繩旅行，除了沖繩麵、拉麵、沖繩家庭料理以外，
不能錯過的另一項美味料理，就是燒肉。在國際通主要大街
以及周邊的巷內，都有著不同型態、各種預算的燒肉店，滿
足所有前來品嚐美味的旅客。許多在地沖繩人光臨的十勝ホ
ルモン **KEMURI**，也是我們很喜歡的燒肉店。

十勝ホルモン KEMURI 在沖繩境內有不少分店，櫻坂店距離單軌列車牧志站約 5 分鐘路程。除了燒肉，各種內臟也是該店的特色料理，從北海道十勝牧場新鮮直送的食材，不馬虎的提供「原創味噌、鹽味醬油」佐料。從招牌牛舌、特選牛肉、高級牛肋排、生羊肉到小腸、牛心、軟骨等，提供訪客多樣選擇。當天點上了幾樣，像是生拌肉，肉質滑嫩卻不帶腥，搭配蔥、生蛋，滑順綿密的口感實在讓人開胃。如果喜歡帶點辛辣，則推薦選上用韓國辣椒醬調味的生拌肉，有著大量大蒜、牛肉片和蛋黃、泡菜攪拌的韓式拌飯，烤到外酥內軟的五花豬肉，以及大口吃肉更不能少的酒精飲料，泡盛和啤酒。店內還會不定期推出 90 分鐘無限暢飲啤酒的套餐搭配，非常划算！

除了多樣化以及新鮮的食材，我們很喜歡十勝ホルモン KEMURI 的另一個原因，則是輕鬆的用餐氣氛。不像許多燒肉名店，雖然整間店空間不大，但不管是幾個人用餐，都保持著桌與桌之間適當距離，用起餐來相當自在舒適，外加木質色系的長桌，搭配有些是紅色搶眼的椅子，有些是外型如可愛垃圾桶的圓筒椅，空間整體感相當新穎、年輕化。更重要的是外場親切的服務人員，當天進門入座，知道我們是不黯日文的觀光客，貼心的送上英文的菜單，後來聽說他們現在也開始提供中文和韓文版本，讓所有旅客都可以充分了解十勝ホルモン KEMURI 提供的菜色與餐點。

當天抵達已是晚上 10 點左右的宵夜時段，店內依舊座無虛席，除了我們是旅客外，其他都是下班後的上班族，一群一群的聚在一起喝著啤酒吃燒肉，酒酣耳熱之際笑鬧聲不絕於耳、這是間令人陶醉與放鬆的在地燒肉店。

沖繩縣那霸市牧志 3-8-2（P.247）
098-943-4542
18:00~ 凌晨 2:00
MAPCODE 33 158 302*80

十勝ホルモン KEMURI，不只提供了旅人消夜的好選擇，也提供了當地人下班後，可以好好放鬆與朋友同事或家人聊天的好地方。

焼肉もとぶ牧場

不同於一般的燒肉店，燒肉もとぶ牧場不只提供高檔食材，連裝潢也相當獨特的有著高檔牛排館的低調奢華氛圍。

你們知道，沖繩也有所謂的「名牌牛」嗎？

如果要我推薦沖繩的高級燒肉，腦中立刻浮現的就是燒肉本部牧場，在日本朋友介紹下，第一次踏入燒肉本部牧場，瞬間有種走入頂級牛排館的錯覺，與其他燒肉店裝潢氛圍有著極大的差異，以沉穩深棕色系為主的裝潢，牆上掛著一幅幅畫作與藝術品，除了一般兩人、四人座位，甚至還有這次我們入坐的包廂區，提供了極度隱密，可以好好享用燒肉美食的區域，真讓人大大顛覆了對於燒烤店的印象。

這裡是賣著有沖繩名牛稱號的「motobu牛」，來自沖繩本島北部町的 motobu 牧場直營正宗燒烤店，目前在沖繩僅僅只有兩間分店，一間位於離美麗海水族館約 15 分鐘車程的「本部店」，另一間就位在單軌列車縣廳站前，徒步約 5 分鐘距離的「那霸店」。「motobu 牛」曾榮獲許多大獎，被日本政府認可為名貴牛種，其特點就在於添加乳酸菌等配方，放置於酒槽內而製作出獨家自然發酵的飼料，從肉品外觀上即可見鮮艷美麗的玫瑰肉色，軟嫩鮮甜，入口即化的口感則是讓人吮指不已。

服務人員會簡單的說明並依據用餐人數給予適當的點餐建議。我們依序點了上等牛里肌肉、五花肉、上等牛舌、頂級沙朗等等，一盤盤油花分布均勻、呈現半透明的粉嫩色系肉片上桌，才將肉片放入銅板上，油脂豐富，馬

上就有著熊熊火花冒出，隨著火焰蔓延開了撲鼻的肉香，肉片於舌尖融化，豐富的油脂在口腔中化開，這特殊的口感，讓我們了解到為何日本老饕朋友極度讚賞這間餐廳，雖然要吃到 motobu 牛所費不貲，但絕對值回票價。

燒肉本部牧場不只提供燒肉，也是有牛排餐可以選擇，或者須提前預約的鐵板燒，而最為大家推薦的莫過於就是「燒肉本部牧場（肉もとぶ牧場）」推出的超值商業午餐，以稍微平易的價格就可以品嚐到相當高檔的牛肉。

我們當天是平日晚上約 5 點時間用餐，用餐完畢後約 7 點的時候，發現整間店已座無虛席，尤其是看到許多特別前來朝聖的各國饕客，我想雖然現在沖繩燒肉店的密度極高，但「燒肉本部牧場（肉もとぶ牧場）」頂級、高檔、新鮮、讓人稱奇的肉質口感，不只是當地人口中的名店，更早已在外國旅人之間打響名聲。

燒肉本部牧場（肉もとぶ牧場）本部店
沖繩縣本部町字大浜 881-1 （P.250）
098-051-6777
午餐 11:00~15:00（最後點餐時間 14:30）
晚餐 17:00~22:00（最後點餐時間 21:30）
MAPCODE 206 856 434*08

燒肉本部牧場（肉もとぶ牧場）那霸店
沖繩縣那霸市久茂地 2-1-3 三樓 （P.247）
098-943-3897
午餐 11:30~15:00
晚餐 17:00~23:00
MAPCODE 33 156 352

ABOUT RESTAURANT

かき小屋那覇桜坂

沖繩縣那霸市 牧志 3-2-37（P.247）
050-3184-1060
週一至五 17:30~ 凌晨 1:00
週六 12:00~ 凌晨 1:00
週日 12:00~23:00
MAPCODE 33 157 238*10

從北海道到九州的生蠔新鮮直送

　　白天的櫻板通，除了電影院和許多穿梭在街上的貓咪，也有不少咖啡館以及手作創意小店散佈在這一區。隨著太陽西下華燈初上，依序點亮了街邊一間間的居酒屋，「かき小屋那覇桜坂」就是其中一間。

　　在東京、橫濱都有分店的「かき小屋」，生蠔來自產地直送的季節性新鮮牡蠣，產地從北海道到九州、三重、兵庫、長崎都有，來到店內品嚐生蠔，產地多樣以外，售價與吃法也相當多元，擠上檸檬生吃或者碳烤，都可以盡情地享受這來自大海的恩惠。除了單點與套餐組合，每間分店也提供不同時段的吃到飽菜單（100分鐘內吃到飽3180日圓；120分鐘內吃到飽3380日圓）。店內除了生蠔，也有牛、雞、豬肉等，不只生蠔強調新鮮產地直送，店內其他料理，從海鮮到生鮮蔬食、雞蛋等也都是與在地農民、漁民合作，定期提供最新鮮食材，製作出各種美味佳餚。かき小屋那覇桜坂不只適合中晚餐，也是很適合飢腸轆轆的宵夜時分。因為生蠔來自不同的產地，口感與味道或許有著些微的不同，但是唯一不變的就是新鮮，充滿彈性而沒有腥味，不管是BBQ還是擠上檸檬生吃，都相當美味啊！

　　現在かき小屋那覇桜坂也有推出牡蠣午餐，兩至三顆大牡蠣、味噌湯、綜合蔬菜，900日圓就能讓你品嚐最新鮮的牡蠣海鮮料理。

除了燒肉以外，想要盡情的享用生蠔，位於那霸市櫻板通的「かき小屋那霸桜坂」，是間提供生蠔吃到飽的生蠔專賣店，很有趣的是店家也提供專有的燒烤服，讓你可以邊烤生蠔邊拍照！

ABOUT RESTAURANT

JunkTacos

小小不到 5 坪的店面，除了可以跟店主聊天的吧檯座位區以外，還有那小小室外的長板凳與一張桌子，店主說店面不大的位置，是希望可以凝聚觀光客與當地人一同坐下聊天的空間。而除了吧檯內各種琳瑯滿目的酒精飲品外，其他空間則是被滿滿的復古風格海報、名片、畫作和那復古味的代表彩球燈給佔據了視覺，外加暗黃的燈光照映著，添加了整間店給人溫暖的溫度。

國際通第一牧志公設市場，感受沖繩夜晚生命力

第一牧志公設市場，不只是沖繩當地人也是許多旅客來到沖繩必造訪的景點，跳脫了傳統市場的刻板印象，既沒有髒亂也沒有刺鼻不舒服的味道，外加挑高的空間，搭著上方不怕四季雨淋的遮雨棚，一排排井然有序的攤販，迎接著許多來訪沖繩的旅客。踏入碩大的市場區，琳瑯滿目的生鮮食品、乾貨、醬料與特產等等，提供了旅客認識沖繩料理最棒的教室，除了食品外也有夾雜許多沖繩當地文化民俗服飾、三味線傳統樂器以及復古家具、生活用品，還有各式各樣的伴手禮店舖，每回來此，總是可以發現許多新奇的東西。而除了白天外，晚上的第一牧志公設市場也相當熱鬧，隨著夜色降臨，一盞一盞的燈光依序點亮，溫暖柔和的光線揭開了屬於牧志公設市場的夜晚，

居酒屋旗幟沿著巷弄轉角間熱鬧的掛漫，一間間居酒屋，從小間 5 到 7 人可以跟老闆聊天外，也有現在很流行的門口立食居酒屋，客人的笑聲與乾杯聲在傳統的街區中迴盪。

這一間不同於外頭街上的日式料理居酒屋，沒有明顯招牌，這裡是賣著美式風格塔克餅結合昭和時期復古內裝的「Junk Tacos」（ジャンクタコス），店名可愛的取名了翻譯成垃圾食物的 Junk，是店主宮脇修先生的獨特創意。來自大阪的宮脇修先生（みやわき おさむ）認為現今飲食都不斷強調健康概念，他逆向思考，覺得不健康的食物不一定每天吃，但可以隔一陣子偶爾來品嚐，沒想到這樣的經營方式，反而深受許多人的喜歡。

說起塔可餅，其實在沖繩已經是傳統飲食靈

老闆專注地替客人準備
美味消夜餐點

魂的一環，最早期是為美軍開發的菜色，後來慢慢滲透到整個沖繩縣，而傳統的塔可餅是會加入米飯，然後將肉醬淋在白飯上，上方舖上滿滿起士、番茄、生菜等等，最後再淋上莎莎醬。但在「Junk Tacos」，店主認為傳統塔可飯的經典無法超越，因此改提供的是自製特色口味，像是不常見的照燒豬肉起司風味（豚てりやきチーズ），或者是牛肉起司塔可餅（牛チーズ），甚至也有牛排口味的塔可餅可以選擇，然後一旁配上毛豆，或者是附上薯條等適合下酒的小菜。當天我們點上的是「BBQ ソー

セージ」，將燒烤過熱呼呼的熱狗與大量生菜、起司、番茄、醃製辣椒與一點碎牛肉，包裹在用小麥粉製成的薄餅裡，並且淋上莎莎醬，就形成了可口豐富的畫面，然後不管是配上啤酒或者可樂都非常搭！

有住在國際通的朋友，下次不妨晚上來一趟牧志公設市場裡，探個險吧！然後可以來一趟Junk Tacos 與老闆一起乾杯，享受另類的沖繩旅行夜晚！

沖繩縣那霸市松尾 2-11-16 （P.247）
050-3593-0036
週一至週六 15:00~24:00。週日公休
MAPCODE 33 157 203*82

ABOUT RESTAURANT

入夜後的
第一牧志公設市場

入夜後的第一牧志公設市場，
隨著夕陽西下，觀光人潮從牧志公設市場裡漸漸退去，
原本早上熱鬧的市場，蔬果店陸續打烊後，
換上的是那每間間高高掛的燈籠，
點亮了市場小巷弄的一間一間居酒屋，
迷人的夜晚南國沖繩，此時此刻才正要展開。

大眾串揚酒場
足立屋

　　這間轉角的立食居酒屋，每到傍晚黃昏時段就開始聚集人潮，店內、店外抬頭一看都是滿滿的菜單料理，從各種肉串、海鮮串燒、蔬菜串燒、炸雞翅、沙拉、琳瑯滿目的選擇通通都有，當然還有不可少的各品牌啤酒到日式清酒，這裡甚至被許多人形容有著東京街頭居酒屋的氛圍。

沖繩縣那霸市松尾 2-10-20 （P.247）
098-869-8040
6:00~22:00

琉球料理おきな

　　琉球料理おきな，採用新鮮當季蔬菜，自製的家庭料理、蕎麥麵食，也有關東煮、海葡萄、生魚片、清酒等等。也可以選擇以米飯，或者麵為主食，搭配季節蔬菜料理、湯，飽足感十足的套餐。如果吃膩了國際通大街上的餐廳、吃膩了海產料理，或許下回可以走進琉球料理おきな，品嚐相當在地的傳統料理美食。

沖繩縣那霸市松尾 2-11-3 （P.247）
12:00~15:00；18:00~22:00
週日公休

株式会社魚友

　　對於喜歡吃海產的朋友，這間絕對是好選擇，海鮮不但總類多，而且相當便宜，甚至有 500 日圓，一道海鮮配上一杯啤酒的組合。店家僅僅門口外的三至五張桌，常常擠滿了人潮，不只觀光客會前來品嚐，也有不少在地人下班後，喜歡在這裡喝上杯啤酒，與同事或朋友一同大啖海鮮。

那霸市松尾 2-9-15（P.247）
8:00~21:00
週日公休

魚壽司
公設市場總本店

　　魚壽司在牧志公設市場裡面有兩間分店，照片中的位置是總店。從全國各地引進新鮮食材做成壽司。一進到店內，就能看見冰櫃中有擺放各種新鮮海產可以挑選，中午 12 點就開始營業，也相當適合大家早上在國際通採買之後，可以來這裡用餐稍作休息，再繼續接下來的行程。

沖繩縣那霸市松尾 2-11-11 大城大樓 107 （P.247）
12:00~23:00
無公休日

OKINAWA SOBA EIBUN
オキナワソバエイブン

你對沖繩麵（Okinawa Soba）的印象是什麼？
傳統老房子搭配一碗熱呼呼的沖繩麵？

說起沖繩庶民美食，其中不可少的一樣就是沖繩麵，也可說是沖繩最具代表性的傳統美食之一，以小麥粉製成的麵條，加入鹽及鹽水打製成口感帶硬的寬麵條，湯底則是多半以柴魚和魚貝類熬煮而成的清爽口感。在沖繩境內，林立著許許多多的沖繩麵舖，每間店都有著自己的獨門祕方，口味、麵條軟硬度、價位，提供著不同的多樣化選擇。位在那霸壺屋的「OKINAWA SOBA EIBUN」（オキナワソバエイブン），工業風的裝潢讓人遠看還以為來到了咖啡館還是酒館，在年輕的風格中，依舊保有傳統的靈魂，販賣著主人精心料理的沖繩麵，是這兩年在沖繩非常受到歡迎的店家。

老闆中村栄文さん是，來自日本岩手縣，由於對沖繩蕎麥麵的熱愛，曾經在沖繩麵屋老舖擔任學徒，並於縣內品嚐了上百間沖繩麵，最後決定選擇在那霸壺屋開設獨立店舖。雖然也是賣沖繩麵，但整間店的裝潢風格到烹煮料理

的手法卻相當創新，首先是從入門處以木製刻出的店名 SOBA EIBUN，就像日系雜貨門口會有的招牌風格。推開木門來到了右邊是工作的吧台區，以極具現代感的黑板呈現滿滿的店內菜單，這裡是適合少數人享用餐點的座位。最左邊則是整間店的視覺重點，收集來的漂流木經過整理後，以大量木頭與木製色系擺飾妝點整個區域，呈現設計兼具時髦的風格，外加擺放著幾張高腳桌椅，抬頭上方溫暖的燈光投放於室內，一改傳統沖繩麵舖的恬淡素雅，風格強烈的自然派原生感，洋溢著鄉間小酒館的輕鬆氛圍，不管是大口吃上一碗熱呼呼的麵還是來杯啤酒，都相當適合。

而說起料理，我們點了「bun bun セット」（1050 日圓）套餐中有「沖繩麵」與「雜炊飯」和蔬菜小碟。這碗沖繩麵，湯底的豚骨是經過長時間熬煮而成，而與一般沖繩麵不同之處在於湯頭中又多了甘辛醬油、昆布以及鰹魚風

軟嫩的三層肉，經過炙燒多了一股焦香味，也是沖繩麵舖中少見三層肉料理的滋味。

味，湯頭濃郁回甘，像是將沖繩麵結合了拉麵的料理方式，配上 Q 彈有勁麵條相當完美。平鋪在上方軟嫩的豬肉，絕對是這碗沖繩麵的主角，有著三層肉與帶軟骨的豬腹肉（軟骨セット）、豬軟骨肉，不同部位的豚肉以不同方式料理後所表現出的口感皆異，有的咬下入口即化卻不過於軟爛，經過稍微炙燒過的三層肉，呈現軟中帶硬的口感，帶出了豬肉的甜味與香氣，整碗品嚐起來相當立體。原本簡簡單單的沖繩麵，經由店主創新手法詮釋後，口感變得創新且奢華，是少見的沖繩麵風味，一旁由店家自製而成的小菜也是相當厲害，口感清脆。

　　而另外點上的是「軟骨 セット」（850 日圓），這道就如其名的是以軟骨為主角，湯頭濃郁，經過 24 小時長時間熬煮的軟骨軟嫩的相當順口，越嚼越香。除了熱呼呼的湯麵外，還有店內自創的「特製蕎麥涼麵」、「涼拌蔬菜冷麵」等夏日系列也是一大特色，冰涼的冷麵裡放入大量的蔬菜，並且有點微辣的口感十分適合南國夏日，以及創意料理的「特製高湯凍乾麵」，是將麵汁作成高湯凍之後，

淋上醬油拌麵享用，相當獨特的口感都能在 OKINAWA SOBA EIBUN 品嚐到。

　　OKINAWA SOBA EIBUN 以新穎的空間氛圍和創新的料理口味，營造出以年輕化的氣氛享用沖繩傳統料理的經典滋味，如果對於想嚐嚐新手法的沖繩麵，下回來到有著濃厚日本生活感的壺屋通街區，別忘記也來品嚐一回沖繩傳統經典沖繩麵的新滋味。

沖繩縣那霸市壺屋 1-5-14 （P.247）
098-914-3882
週六、日 11:00~18:00
週一至週五 11:30~18:00
週三、每雙週之週四公休
MAPCODE 33 158 030*02

ABOUT RESTAURANT

金月そば

店家主打獨創湯底與醬汁熬煮而成的沖繩麵湯頭，
讓口感比起傳統的沖繩麵更加鮮甜。

沒有醒目招牌的門口，很容易讓人開車就錯過這間令人驚喜滿滿的沖繩麵舖。

在日本如果提到「蕎麥麵」（そば），通常就是指以「蕎麥粉」製作而成的日本麵，但同樣日文「そば」用在沖繩，沖繩そば則是指以「小麥粉」製作的麵條。沖繩麵，在沖繩傳統飲食中扮演很重要的角色。想品嚐地道口味，我們一定推薦處處皆有，但是各家口味截然不同的沖繩麵，不同的湯頭，豬骨、雞骨熬煮，麵條的口感都有自己的獨門秘方，其中一間創業近 60 年的沖繩麵專賣店，現在在沖繩有著三間分店，主打手工製作麵條，並且以創新新穎的做法重新詮釋沖繩麵，那就是「金月そば」。

這天來到「金月そば」「恩納」分店，沿著沖繩最美的 58 號公路北上，略帶鹹味的海風吹拂著，讓人心情大好，盡收眼底的是蔚藍的天空與清澈碧綠的海水，金月そば就在道路上的轉角處，將車輛停妥於後方的空地之後，走進

店內，很明顯的發現與一般沖繩麵店舖不同，新穎年輕的裝潢，四方桌搭配著紅色的椅墊，增添了活力，高高掛的燈飾，有著咖啡館的調性，而後方則仍然提供一區榻榻米，讓多人或者習慣傳統榻榻米的客人可以入座，這間土打自家製生麵條製作而成的沖繩麵，很特別的是提供讓客人可以將普通麵條，換成 100% 沖繩產小麥製作而成的「本地麵粉粗麵條」，麵條外觀圓型帶點寬度，與普通的沖繩麵口感上更加立體，也更具有麥香香氣。

入座後，我們各自點上了「沖繩沾醬蕎麥麵」與標準「沖繩麵」。「沖繩沾醬蕎麥麵」，很特別的是上方有著滷香相當濃厚的豬五花，沾醬則是以來自沖繩山原地區的雞肉與沖繩豬肉，經過長時間熬煮出特色主打醬汁，帶有勁道的手工麵條吸飽了濃醇醬汁，大大顛覆了傳

店內一處小角落，擺放著沖繩在地各種泡盛酒

統的沖繩麵口感。另外一款「沖繩麵」則是有著店家主打的獨創湯底與醬汁熬煮而成的湯頭，讓口感比起傳統的沖繩麵更加濃郁豐富，配上一點蔥花和混著沖繩泡盛與島辣椒的辛香調味料，就是一碗相當精彩的味覺享受。

「金月そば」，嘗試在傳統飲食文化中突破新局，在堅持手工製作湯頭、麵條到醬汁，美味兼顧健康與口感之外，更是增添了不少獨創口味。透過新潮的室內設計並兼顧傳統沖繩麵舖氣息，提供著訪客截然不同的沖繩麵用餐氛圍與口感。原本這樣的美味只能在沖繩中北部吃到，幸好 2017 年在那霸市終於有了第三間分店。吃膩了傳統沖繩麵館了嗎？或許下回可以嘗試看看「金月そば」，相信會帶你給不同的美味體驗。

読谷本店

沖繩縣中頭郡読谷村喜名 201（P.249）

098-958-5896

11:00~16:00。週一公休

MAPCODE 33 826 213*53

國際通分店

沖繩縣那霸市牧志 2-1-16（P.247）

098-867-0862

11:00~19:00。週一公休

MAPCODE 33 157 504*25

恩納分店

沖繩縣国頭郡恩納村名嘉真 8-3（P.250）

098-967-8492

11:00~16:00。週一公休

MAPCODE 206 350 277*27

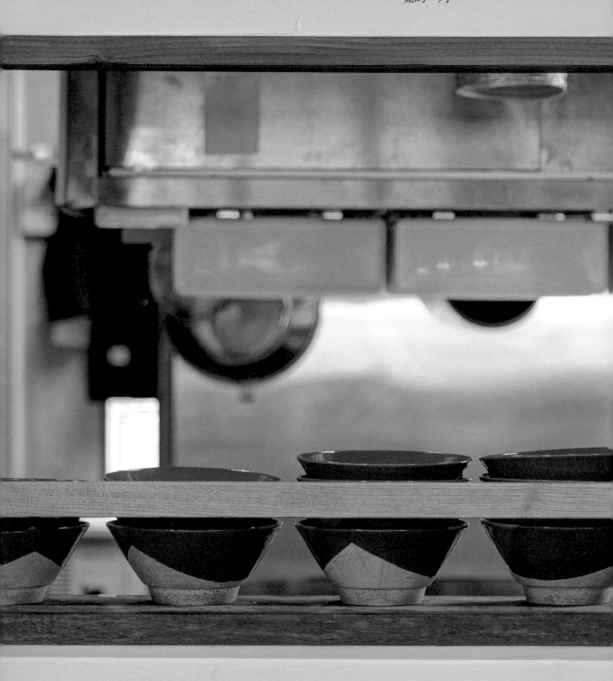

紅色系的可愛麵碗，放在廚房的
工作台上，同時妝點了整間店視
覺的一角。

ABOUT RESTAURANT

てん to てん

位於那霸市蜿蜒的小山丘路上，沒想到這裡有一間被隱密植物包覆的建築物，這是從外觀幾乎看不見招牌的沖繩麵專賣店てん to てん，更讓人無法聯想的店家尚未營業，門外早已人聲鼎沸地排滿了饕客，所有人都是為了這碗被日本美食網站食べログ票選為第一名的沖繩麵。

てん to てん賣的東西並不複雜，「木灰すば」沖繩麵、「古代米」のおにぎりだ，以無農藥的米飯添入肉醬作成的飯糰，還有「ぶくぶくー茶」沖繩的泡泡茶等等，總類不多而精緻是本店的招牌特色。

木灰すば，是店主遵照古法，以木灰水代替鹼水製作的手打麵條，麵體更有彈性，配上沖繩麵一定要有的三層肉，稍經咀嚼以後在口腔內開始化開，配上魚板、紅薑、蔥花和滴上幾滴店家自製辣椒泡盛，終於懂得為何一到營業時間，整間店就坐滿了人潮。

「古代米」のおにぎりだ，是一種相當特別的米飯糰，強調健康兼具美味，無農藥使用的米粒，混著肉汁與肉醬摻入飯糰之中，是道相當讓人驚豔的料理。而店內也有販賣「ぶくぶくー茶」，充滿米香的茶上，有著如小山般的雪白泡沫，這是沖繩象徵福氣的傳統飲料，如果順道來訪，也很推薦一同點上。

在小小宅院中以傳統古法製作的料理，品嚐到道地沖繩滋味的同時，感受著講究傳統與細節的匠師手藝。

沖繩縣那霸市識名 4-5-2 （P.246）
098-853-1060
11:30~15:00。週一公休
MAPCODE 33 130 072*13
停車場僅能停放約 5 台車，且位於狹窄巷弄中，建議停在附近再徒步走進來這一區。

大東沖繩麵 (大東そば)

在國際通想吃碗讓人印象深刻的沖繩麵，我會推薦你「大東そば」，不但是純手工製作麵條，還在揉搓麵條的同時加入南大東島的「木灰·海水」，讓口感更有嚼勁，麵條吸收了富含昆布、海帶、柴魚和豬肉等豐富湯頭後，形成的那特別味覺層次，令眼前這碗沖繩麵更添滋味。

不起眼的外觀，白色系的門口用紅色字體寫上了店名大東そば，室內擺放了幾張簡單桌椅，而沖繩麵也只分小碗與大碗兩種，第一次來到沖繩，很容易就會忽略這間從外觀到眼前這碗都過於簡單的湯麵，但只要嚐過一次，就會馬上被那特別的滋味與店家用心每日製作的麵條嚼勁給深深給吸引，令人難以忘懷，吃了還想再吃的味道，稱其誇張點都可形容它是一碗「與外表完全不符」的低調隱藏版美食，這也難怪不管是當地人或者觀光客，都瘋狂愛上它的原因。

沖繩縣那霸市牧志 1-4-59（P.247）
098-867-3889
11:00~21:00
MAPCODE 33 157 496*60

茶處真壁ちなー

走進百年古厝吃碗沖繩麵！

糸滿市，沖繩島南端的城市，來到這裡的第一印象則是那一望無際的田野，這裡有著一間人氣沖繩麵「茶處真壁ちなー」，店主將祖父留下來的 120 年歷史古屋改裝成沖繩麵店，更被列入日本有形文化財產之一。

除了建築具有歷史意義外，更建議可以點上一碗「沖繩麵」，喝得到柴魚與海帶的新鮮滋味，肥嫩多汁的五花肉塊，含有豐富油質與軟嫩口感，最適合與麵條一起大口吃下。眼前這碗看似簡簡單單的一碗麵，吃到的盡是那注入精心製作的用心與鮮甜好味道。另外也可以加點紅色的醋薑絲或一點泡盛辣油，更能增添沖繩麵的風味。

沖繩縣系滿市真壁 223（P.251）
098-997-3207
11:00~15:00 。週三公休
MAPCODE 232 368 155*26

まぜ マホロバ mahoroba

食尚玩家也採訪的溫暖麵舖

　　這間位在國際通巷內的麵館，不賣拉麵與沖繩麵，賣著老闆記憶中的旅行滋味，簡簡單單的菜單上有著「台灣麵」與「泰國麵」兩種選擇，接近烏龍麵與沖繩麵的結合，口感既滑順又不失彈性，上方擺滿著大量番茄醬，拌炒肉絲是主要味道，佐以略帶刺激的蔥與蒜，底部則是混合了味噌與豆瓣醬，去年中食尚玩家也採訪了這間獨特的美味麵店。

沖繩縣那霸市牧志 1-2-17（P.247）
098-917-2468
週一 11:30~14:00、17:30~22:00
週三至六 11:30~14:00、17:30~22:00
週日 11:30~15:00、17:30~21:30
週二公休
MAPCODE 33 157 404*23

ABOUT BEACH

沖繩
海灘

迎著海風吹來的是那讓人放鬆的碧
海藍天，對於沖繩旅行的總總印象，
大部分都是被這一座座海灘療癒畫
面給佔滿。

Mission Beach

1. 白色小屋，是另一個可以從比較高處欣賞海岸線的視野，坐在這裡曬曬日光浴或者發呆，都讓人覺得幸福。
2. 沖繩，徹底放鬆的碧海藍天，讓人奢求的好想在這裡過生活。

南國豔陽、海岸共譜的沖繩獨有海景畫面
獨享綠野小徑後方私密海灘

來到恩納村，從縣道 58 轉入鄉間小路，這處迷人的私人海灘 Mission Beach 就在轉角的樹林深處。由於海灘入口處被茂密樹林包圍，導航顯示抵達時還不見海灘蹤影，直到入口處低調彩繪板寫上大大的 Mission beach 後，提示海灘就在不遠處，穿過一段綠色小徑停車後就會看見那無垠大海。來到這裡，因為是收費的私人海灘，幾乎沒有觀光人潮，只有海浪一陣一陣拍打於岸邊，激起一朵朵白色浪花，以及那艷陽照耀於水面，金光閃閃的水波金光，海水清澈透明度則不用多提的依舊讓人一眼就可看見小魚兒。

略帶鹹味的海風吹拂過旅人的面龐，迫不及待的想要躍入水下，透過視覺、味覺、聽覺與感覺來擁抱沖繩最迷人的海洋。而靠近岸邊的海面上，有著一排大大小小礁石錯落海水之中，游泳後稍微坐在上方休憩，曬曬日光浴，享受大自然最溫暖的恩惠。遠方看去，水上摩托車奔馳於海水中，一旁則有著可愛的小貨車與海濱小屋賣著各式各樣的游泳圈，繽紛色彩的點綴了白沙海岸線。

廣告和電影外拍取景海灘

Mission beach 原來是天主教私人管理的週日學校暑期露營地，現在則是以收費的形式對外開放。據說這裡已經屢次成為日本廣告和電影的外拍取景地，可見其海岸美麗動人姿態。來到這裡除了可以徜徉於海水、水上摩托車，還有浮潛、香蕉船活動可以報名，以及須提前預約的 BBQ 海灘聚會等活動。來到恩納，別忘記將這處永看不膩的秘密海岸列入行程。

來到這座海灘，讓人體悟了什麼是「減法生活哲學」，原來就是學會用最少的物質獲得心靈最大的滿足。坐在 Mission beach，眼前這一望無際海天一色與那充滿療癒色系的湛藍，正適合度假中的我們與那溫暖南國，還有什麼比這個景象更能讓人心靈感到大大滿足呢？

沖繩縣恩納村安冨祖 2005-1（P.250）
098-967-8802
有停車場，停車費 300 日圓
游泳時間 4 月中旬~10 月 9:00~18:30
MAPCODE 206 349 693*02

沖繩的海，總是帶給人舒暢寬敞感，
欣賞海岸絕景的同時，身心也都跟著
解放了。不管是散步於海岸線或者徜
徉於豔陽照射的海水中，都能替旅途
帶來最暖心的療癒。

安座真
Sunsun Beach

你們知道，沖繩境內有一處從地圖上看會呈現愛心形狀，離那霸市區開車只要 40 分鐘就可以抵達，有著「愛心小鎮南城市」之稱是哪裡嗎？這裡就是位於沖繩島南部的「南城市」。2006 年沖繩縣將鄰近四個町村合併在一起，地形因而有了「愛心」的形狀產生，因此，也有來到這裡就能感受著愛意與結下好姻緣的說法。

提到「南城市」，最被旅人提及的景點就屬傳統神聖領域「齋場御嶽」，以及可遠眺海岸線的「知念岬公園」，還有因為濱邊茶屋而享有名氣的新原海灘。除了新原海灘，其實也有著許多很漂亮的大型人工海灘，其中一座，距離「齋場御嶽」開車僅僅 5 分鐘，有著充滿愛情傳說的「安座真 Sunsun 海灘」。

這座海灘是「南城市」結緣景點中相當著名的景點之一，又以海岸邊坡堤中樹立的「愛之鐘」而變得更有名氣。儘管這裡是人工海灘，但是海水非常清澈透明，完全不輸自然海域的海水。除了適合情侶來這裡追求愛情與好姻緣之外，由於海水穩定而且有救生員進駐，更在入海口設置了防護網防止水母游入，不論遊客是否會游泳，是座能讓人安心享受海水的海灘，相當適合全家大小一同前來享受海天美景之處。

整座海灘分成兩個區塊，面對海岸線的左邊是「游泳區」，右邊則是「水上活動區」，貼心的設計是訪客盡情玩玩水之餘，不會因為水上遊樂設施被打擾並同時保護遊客，也因此，游泳區這裡是禁止浮潛喔！而順著海灘一旁的波堤，走著走著會看見一處有著愛心形狀的裝置藝術豎立在眼前，呼應著「愛心小鎮」的稱號，讓旅人在蔚藍的海岸天空背景下，與一同前來的愛人拍下愛心合照，將眼前如明信片般、充滿愛意的景色記錄在旅程中。

海灘一旁則有淋浴間、更衣室、投幣式置物櫃等相當齊全的設備，各種海灘用品租借，並提供水上摩托車、香蕉船、泳圈租借等水上活動設備，而更貼心的莫過於是有著不用提前預約，到現場就可以購買 BBQ 套餐，烤肉需要用的瓦斯、鐵板器具、食材，不用自行攜帶非常方便，相當適合開車自由行的旅客。

遠離了那霸市區，來到南城市，不要忘記走訪一趟「安座真 Sunsun 海灘」，讓澄澈無比的海水療癒身心，並且感受著愛心小鎮想要傳遞帶給旅人的美好愛意，以及追尋那城市中尋覓不到的放空時刻。

沖繩縣南城市知念安座真 1141-3（P.251）
098-948-3521
有停車場。費用 500 日圓
游泳時間 4 月初旬 ~10 月末
9:00 ~18:00；
7、8 月 9:00~19:00
MAPCODE 33 024 680*07

伊計島大泊海灘

純白色系的海浪，一波一波的沖上岸，帶來溫暖的海水，帶走我們身心的塵埃。

　　來到這裡，不管是曬上日光浴、靜靜地走在海岸邊都好，有無數個可以享受海灘美景的提案，聽著海浪聲和大自然完全融為一體的五感享受。來到沖繩的海灘，最棒的莫過於你不用是衝浪高手，也不用一定要會游泳，也能完全的感受到大海療癒人心的力量。

　　沖繩境內有著無數的海灘，隨著近幾年旅行沖繩的次數越多，我們也從熱鬧的區域，像是那霸、北谷町、宜野灣海域漸漸轉往車程比較遠的東部或者更南的城市，找尋著更美的秘密景點。

　　位於沖繩東部的伊計島，面臨著無汙染的太平洋，相較於西半部的海灘，這裡的海水更乾淨透徹，沿著風景優美的海中道路行駛即可到達，距那霸市約需 1 小時半的車程，稍微有點距離，因此海灘上的遊客也較西岸少了些。提到伊計島的海灘，最廣為人知的就屬「伊計海灘」，但幾次前往都發現人潮稍微多了一點，以及海岸邊的沙屬於比較鵝黃色，因此沒有被我們列入心中最適合放空的海灘。就在開車距離「伊計海灘」車程約 10 分鐘不遠處，有一處秘境，當「伊計海灘」擠滿滿滿遊客時，這裡的海灘僅有不到兩、三組的游泳客在浮潛、曬曬日光浴，可以靜享那海洋色調。這裡就是我們心中排名前一二的海灘：大泊海灘ビーチ。

　　大泊海灘ビーチ入口處稍微隱密一點，僅以木頭塊漆上油漆後，寫上「大泊海灘ビーチ」的字樣，需要來回花點時間尋找入口，記得當時我們循著地圖一直找不太到，錯過好幾次，後來才發現，小小招牌被入口的樹叢們給包圍著啊，因此需要多留意注意找才能找到。

　　看到海灘指示招牌後，約 2 至 3 分鐘就會看見眼前有著許多彩色的泳圈茅草小屋。換上泳裝戴上浮潛道具，遠方海浪拍打沙岸的聲音不斷呼喚著我們，早已經迫不及待的找尋那海岸景色。

沿著小徑走著，視野隨著腳步離海岸越近越開闊，直到真正踩踏到沙子後，已經完全深深地被眼前的景致所震攝。潔白的沙灘有著柔軟的細沙，即使豔陽高照在沙灘上也給了相當溫柔的溫度，不會讓人覺得不舒服，往那極度清透且透著漸層藍的海岸邊走去，怎麼立刻可以看見隨浪悠遊的小魚們？！

旅行沖繩近十次，看過無數的海灘，仍被眼前這透明的海域和小魚兒們覺得震撼，顧不及還沒找到地方舖上沙灘巾、放下包包，視線捨不得離開這片海水般。在海岸邊不停走著，任由微微的海風吹亂髮梢，欣賞陽光照射在清透的海面閃耀出的金色光芒，毫無遮蔽也無人潮的海與天視野，真讓人有種徜徉在大海的錯覺，瞬間將身心靈累積許久的疲憊與壓力在此時此刻給完的釋放了。

至今想起這個海岸畫面，仍覺得當時因為這裡位在較遠的沖繩東部，捨棄了不少行程，外加上花了許多時間找尋大泊海灘ビーチ入口處，一切的一切都如此值得了。而因為大泊海灘ビーチ震撼視覺與心靈的美，更讓我們相信，許多美景，不管是海還是山，唯有花上比別人更多的時間與耐力，才能有機會遇見不同的風景，而且是那見過就絕對忘懷不了的天然景色。

如果你跟我們一樣，時常來訪沖繩或者走遍熱鬧的海灘，這東部的海灘與清澈的海水早已在呼喚著你的探索。

雲朵就如同畫筆般，在天空中作畫，與海岸邊的漸層色系，形成了一幅最美的畫作。

1. 停好車之後，會先看到這繽紛的小入口，這裡是租借水上泳圈和盥洗間的位置。
2. 可愛帶有熱情的紅色販賣機，是沖繩海灘邊不能少的景色之一，有什麼比游泳完，來上一瓶飲料更棒呢！
3. 到了到了！看到這個紅色標誌就代表找到大泊海灘ビーチ。
4. 停車場入口處，工作人員會在這裡先收停車場費用喔。

日本沖繩縣宇流麻市與那城伊計 1012 番地（P.248）
098-977-8027
9:00~18:00
停車費為 500 日幣 / 一台車
MAPCODE 499 794 696*67
提供男女分開的兩個淋浴間區域，但是沒有獨立的盥洗室。

沖繩的海，最迷人就在於，海水總是
清澈透明的不可思議。

Sunset beach

　一望無際的大海，是夏日中最美的景致，大篇幅的藍色海域與純淨的天空，是城市的人們來到沖繩，最嚮往的心靈休憩聖地。在沖繩這座島上，佈滿著非常多的美麗沙灘，有的是人工，有的是自然生態，無法計量的美麗沙灘，綿延不斷的海岸自然風光，讓旅人可以隨時隨地近距離迎接眼前這幅白色沙灘、湛藍海水的美麗畫面。鄰近美國村這裡的 Sunset beach「日落海灘」，猶如其名的就是相當適合欣賞沖繩日落的海灘，不會游泳的你來到這裡也不用擔心，任意地躺在細細白沙沙灘上，任由潮水將腳上的細沙沖走，就像是慢慢地將城市中那帶給人的疲憊身心給漸漸退卻，或者可以選擇在沙灘邊散步等待日落，或者坐在堤防上戴起太陽眼鏡，遠眺那一望無際海天一色的絕美景色，深深的吸一口氣，吐一口氣，好好把握這難得的好心情與氣氛，任由時間盡情流逝。

MAPCODE　33 525 205*74
（P.249）

瀨底島沙灘

優游在瀨底海灘，讓你親眼見證瀨底島的美麗姿態！

　　來到沖繩北部地區，經過了瀨底大橋後就會來到這座透明度極高的自然海域「瀨底島沙灘」。從這裡不但可以清澈的看見海水裡美麗的珊瑚礁與魚群，也可以遠眺一江島及水納島立足在美麗海域的姿態，沒有大量觀光客潮，是很適合在這裡悠遊浮潛的美麗海灘。

沖繩縣國頭郡本部町瀨底 2631-1
（P.250）
098-047-7355
MAPCODE 206 822 262*16

古宇利大橋、古宇利海灘

2005年開通的「古宇利大橋」,連結古宇利島與沖繩本島,全長1960公尺,全長僅次於2015年甫完工的「伊良部大橋」,擁有亞當與夏娃從天而降後在此繁衍後代的美麗傳說。橫跨兩側寬闊的沙灘,碧藍的海水與陽光照射水面而形成的金光熠熠,隨著開車越近更是閃耀入眼,這裡的傳說與美麗,已經是每個旅人來到沖繩都必朝聖之地。而橋的另一端則是有著碧藍的海灘,稱作「古宇利海灘」,來沖繩,別忘記到這些場景,感受一下美麗傳說的浪漫氛圍吧。

沖繩縣今歸仁村古宇利(P.250)
098-056-2256
MAPCODE 485 662 831*22

看似簡單的大海,心靈卻深刻地感受著踏實。我愛這片簡單卻充滿強而有力靈魂的大海。

波之上海灘

有時候旅行出走，不是為了山珍海味，更不是為了住上知名大飯店，反而是真正讓自己融入當地生活與大自然之後，身心沉澱而達到洗滌煩惱的過程。

不用租車，即可抵達美麗海域

　　「波之上海灘」是那霸市內唯一海灘，從國際通市區搭計程車 10 分鐘，離那霸機場也僅僅需 15 分鐘距離，適合沒有打算租車的朋友，或者有租車，但想把行程排得愜意一點的你們。白天逛完國際通之後，午後來到這裡散步與發呆，不用擔心因為海灘位在市區而失去玩水的樂趣，這裡一樣有著被陽光穿透的湛藍海水，呼應清澈天空上的可愛雲朵們。雖然沒有海上設施，但仍然是可以讓你盡情跳躍進海水游泳，享受夏日海水清涼快感的地方，這裡更是許多當地人攜家帶眷來享受歡樂家庭時光的美麗景點。

沖繩縣那霸市若狹 1-25-11
（P.246）
098-866-7473
MAPCODE 33 155 840*25

安良波海灘 araha beach

一望無際海天一色的絕美景色

　　離那霸市區車程約 40 分鐘的北谷町，有著一座充滿異國風情的海灘「安良波海灘」，位於北谷町安良波公園內，可以遠眺美國村裡的夢幻摩天輪與一棟棟豎立在海岸邊的度假飯店。因為緊鄰美國村，因此可以看見許多外國人前來度假游泳與慢跑，不特別說明還會讓人誤以為來到美國海岸邊。不管是一探藍色海底秘密的游泳、潛水者，或者是在豔陽下慢跑的旅人，又或者是攜家帶眷一起在沙灘上奔跑嬉鬧拍照著，不管大家來自世界哪裡，來到這裡的目的都是同樣的，「換個環境，過著自己想過的生活步調」，沒有時間滴答滴答焦躁的催促著，只有海風吹拂著，好似時間都靜止。在這裡除了海邊的基本設施齊全外，因為是公園屬性的關係，在海灘周圍的設施也非常多樣化，到處可見的大型球場、烤肉場地與適合慢跑、遛狗的步道等，是一座設備很齊全，不只適合情侶、夫妻，更是適合全家大小一起來遊玩的海灘。

沖繩縣北谷町美濱 2-21　（P.249）
098-926-2680
4 月中旬 ~10 月底 9:00~18:30
MAPCODE 33 496 157*43

新原海灘

沖繩南端海灘秘境！

大家對於沖繩南部可能會感到些許陌生，但如果你聽過「濱邊茶屋」，相信立刻就對這個區域熟悉不少。位於濱邊茶屋附近的「新原海灘」，從那霸機場乘車來到這約 **40** 分鐘，一片寧靜優美宜人的碧海藍天，讓人沉靜其中。來到這裡，沿著海岸邊漫步，在四周無屏障的遼闊視野下，聽著浪花拍打海岸，然後不時的讓自己浸泡在碧綠的海水，累了就盡情的躺在純淨的白色沙灘之中，不管是想來體驗大自然的洗禮，還是想獨享這無人的悠閒，這裡都能滿足你的期望。

因為是天然海灘，所以無特定開放或關閉時間，但仍建議在夏季白天來到這裡，享受海風徐徐吹來與暖和的太陽照耀著。如果不會游泳的你，也不用擔心，可以等待退潮時在海灘邊散步，或者讓自己坐在淺灘區域，不時地抬頭看著天空鳥兒無拘無束的翱翔天際，或者低頭觀察水裡的各種小生物，也是一大樂趣。另外，因為這裡水中有許多珊瑚及小塊岩石，建議要穿上拖鞋再下水比較安全，如果不想下水，也有乘坐玻璃船觀賞海底景觀的觀光站可以參加。既然都來到了沖繩南端「新原海灘」，玩玩海水不妨再前往就在附近可以看海喝咖啡的好去處「濱邊茶屋」吧！

沖繩縣南城市玉城字百名 **1599-6**
（P.251）

098-949-7764

入場免費

全年可自由出入海灘 **9:00~18:00**

MAPCODE 232 470 604*63

海中道路

「海中道路」為連接沖繩本島與離島的交通要道，可通往濱比嘉島、平安座島、宮城島及伊計島等離島，全長 4.7 公里，曾經是亞洲第一長的海中公路。道路路況極好，筆直平穩的道路兩側處處都是鮮為人知的乾淨海灘，中段也有提供飲水、食物的休息站「海の駅あやはし館」，可以一邊用餐一邊眺望無敵海景，「海中展望台」，則提供了獨享海天美景的絕佳機會。天氣好的時候，馳騁在海中道路上，藍天白雲與蔚藍色的海洋連成一線，和煦的海風吹拂在臉上，人生就該這麼享受！小提醒，退潮時海水會退到很遠，風景會沒那麼漂亮，建議規劃行程時要注意一下潮汐時間。

MAPCODE 499 576 274*41
（P.248）

宜野灣 Tropical 熱帶海灘

　　來到宜野灣一帶，千萬不能錯過的就是「Tropical（熱帶）海灘」，這裡的海域屬於淺灘，很適合親子同遊，而海灘一旁就是宜野灣海濱公園，許多木板步道讓你盡情散步在公園裡，享受沖繩熱帶風情的艷陽。而占地廣大的公園也另外結合了野球場、體育場、屋外劇場等等，因此這裡時常舉辦各種縣內運動活動，也是許多沖繩人周末會攜家帶眷來到這放鬆的好地方。

沖繩縣宜野灣市真志喜 4-2-1 （P.249）
098-897-2751
MAPCODE 33 403 135*47

豐崎美麗 SUN 海灘

　　距離機場僅 15 分鐘車程的「美ら SUN ビーチ」，是座美麗的人工海灘，離人氣購物商城 Ashibinaa 及 OTS 租車豐崎營業所約 20 分鐘，很適合第一天抵達沖繩或者是在最後一天的旅程安排來到這裡。整個海灘與公園占地約 20 萬平方公尺，視野遼闊且有各種豐富的設施，從海上香蕉船、水上摩托車到海灘上的沙灘足球、排球場、燒烤區等等，讓你可以盡情的享受愉快時光，哦～對了！因為離機場很近，抬頭不時也能看到飛機翱翔劃過天際線，浪漫十足。

沖繩縣豐見城市字豐崎 5-1（P.251）
098-850-1139
MAPCODE 542 328*67

ABOUT
ISLAND

沖繩
離島

ABOUT ISLAND

阿嘉島 AKA

阿嘉島（あかしま）屬於慶良間群島，是該群島中僅次於渡嘉敷島和座間味島的第三大島。由日本沖繩縣座間味村管轄，從座間味島乘坐村內交通船，僅需 15 分鐘航程，此船也是阿嘉島與座間味島平日上班族通勤的交通工具。一所學校、一間雜貨舖，還有一座阿嘉島臨海研究所，僅僅約 300 人的居民，擁有讓人魂縈夢繫的夢幻海景。

散步在阿嘉島的村間小路中，許多小貓穿梭村內，如果夠幸運，還有機會偶遇「慶良間鹿」，也可以租腳踏車或機車，以不同的速度與角度，品嚐這座小島嶼的風味。而連接阿嘉島與慶留間島之間則是「阿嘉大橋」，橋上的海景絕對是來到阿嘉島不可錯過的美麗景點，肉眼即可見海底下清澈的珊瑚礁群，聽說運氣不錯，還能看見海龜在美麗海水中徜徉姿態。欣賞眼前這大海的磅礴風景，讓人有如置身於天堂般的夢幻，感受著遠離塵囂的美好。更不要錯過東側的北濱海灘，許多人認為北濱海灘的海水、珊瑚礁與熱帶魚都是慶良間群島的首選。

待上一整天，可以去浮潛、看海、騎著機車在小島上環島，找著小鹿、找著貓咪，以更貼近大自然的方式開啟這一趟旅行。如果你跟我一樣，熱愛大自然，熱愛小動物們，那我相信你們一定會喜歡阿嘉島。另外，比較需要特別注意的是，島上的餐廳不多，而商店也僅此一間，如果在島上要待上一整天，建議大家可以在商店買些簡單的麵包與果汁等果腹。

每回到沖繩，隨處踏上一處海灘，都讓人覺得心情瞬間可以非常好，但來到離島之後，才發現離島更像是來到另一個美麗世界般，有著更充滿驚奇的景色，實在無法想像離台灣如此近的沖繩，海域卻可以如此磅礴與獨特。阿嘉島，無可否認地成為了我們心中最愛最愛的小島，置身於沖繩寬敞海域之中，深呼吸……。

1. 慶留間中學。前往慶良間空港的路上經過，操場旁邊就是湛藍清澈的海水，非常漂亮！提醒大家不要隨意進入校園打擾學生。
2. 北濱海灘（北浜ビーチ）：阿嘉島上有許多海灘，建議可以在有救生員駐守的北濱海灘，自行攜帶浮潛、潛水配備，或者可於入口處租借，暢遊於美麗海岸之間。
3. 阿嘉島碼頭：搭乘小渡船來到阿嘉島，第一個見到的就是「阿嘉島碼頭」，乾淨清澈的藍天白雲和珊瑚礁成群的海域，是來到阿嘉島上第一個美麗印象。

如何購買船票

前往「阿嘉島」有兩個方式；

一、「那霸泊港とまりん」出發：

在那霸泊港現場購買船票，或許透過網路買預售票；從泊港出發高速船約需 50 ～ 70 分鐘；渡輪約 90 ～ 120 分鐘抵達阿嘉島。

備註：泊港とまりん位置靠近「美榮橋」電車站，如搭電車過來的話走路約 10 ～ 15 分鐘；開車的朋友，則是可以停放在泊港專屬停車場，或者周邊都有兩到三個停車場，但費用都不便宜，提供大家泊港專屬停車場價位參考；1 日（9:00 ～ 17:00）／ブース 5,400 日圓

船班與時刻表：

http://www.vill.zamami.okinawa.jp/

二、「座間味」出發：

建議要出發的前一日到座間味碼頭購買船票，或者搭乘當天最早 7:30 的航班，在船上直接向船長買票。從座間味島到阿嘉島坐小渡船約 15 分鐘。

航班與時刻表

http://www.vill.zamami.okinawa.jp/info/trans.html

1. 慶良間鹿 KERAMA DEER：慶良間鹿是島上瀕臨絕種的寶貴動物，這次於北濱海灘旁幸運遇見。
2. 島上有販售各種游泳使用的泳圈、蛙鏡、浮潛、潛水等等租借道具。

碼頭旁有著許多繽紛色系的遊樂設施，
讓旅客在等待船來的同時，也不會無聊

如果是從那霸泊港搭船前往阿嘉島，高速船比較省時間但搖晃程度較大，建議容易暈船者，可選擇搭乘大型渡輪；至於從座間味出發，村內小船是大約可容納 15 人左右乘坐的小船，船型雖然小，但由於海水浪潮都不大外加船隻通風性良好，搭乘起來相當平穩舒適，不容易暈船，但仍建議大家隨身攜帶著暈船藥，以備不時之需。

阿嘉大橋

連接阿嘉島和慶留間島的跨海大橋，從橋上往下看，可見海岸邊岩群以及清澈見底的漸層海洋。

我們建議「租機車」遊阿嘉島。因為島上有許多上下山坡路段，騎腳踏車會比較累。至少租借 5 小時機車，才能盡覽島上著名景點，到北濱海灘浮潛游泳，並且停留拍拍照。我們是預約島上「レンタルショップ しょう」這間機車行，建議出發前先預約，因為機車數量也不多，其他都是腳踏車。

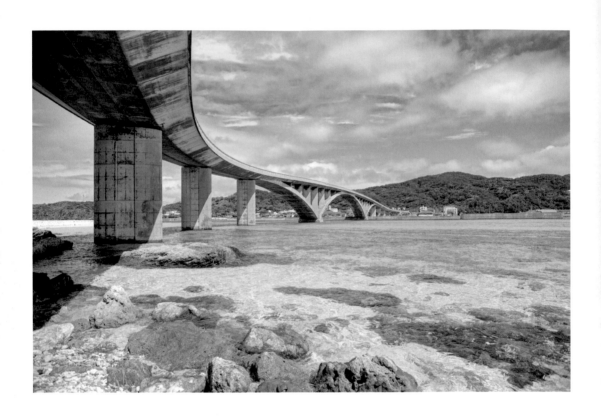

「レンタルショップしょう」機車、自行車租賃行

沖繩縣島尻郡座間味村字阿嘉 3 番地

090-1179-2839

4 月～ 9 月 9:00 ～ 19:00；

10 月～ 3 月 9:00 ～ 18:00

http://www.oki-zamami.jp/~yoshinori-k/index.htm

島上不時可以遇見貓咪，探頭探
腦地像是在找尋什麼似的，模樣
相當可愛。

NAGANNU

喜歡島嶼旅行，喜歡那遠離城市喧囂的生活，
身處異鄉才是能真正脫離都市，讓心可以得到
充分休息。剛開始抵達旅行目的地的前兩天，
繁忙生活的焦躁依舊如影隨形，慢慢地隨著
時間一分一秒，一天兩天過後，才得以真正
放慢腳步，重新調整步伐。旅行是逃避現實
嗎？不是，反而是想以更完美的步伐與姿態，
讓自己返回生活的軌道中更充滿力量。

旅行，放大自己極限的一場過程。

在因緣際會之下買了沖繩攝影師小早川涉先生的離島海景年曆，讓沖繩的海與藍天成為家中的一部分，也因此決定一踏小早川涉先生拍攝下的一座座離島。其中一座就是離那霸只有 20 分鐘船程的 Nagannu Island。這座島是完全沒有居民的無人島，同時是海龜與紅燕鷗鳥類保育區。沿著海岸線，不用走入太深的海岸即可見豐富的魚群在水裡暢遊，夜裡如果運氣很好，還能親眼看見海龜上岸產卵的生態景象。

凌晨 3 點走出小木屋，摸黑等待著海龜上岸產卵。起初心裡有點恐懼，害怕伸手不見五指的漆黑，漸漸的想起一種說法，「過於擔憂與恐懼，往往會讓人忘記享受當下，不用害怕，享受這一切吧！」開始放下心中恐懼，專心聆聽這大自然在夜裡帶給人的磅礡氣勢，捨去了恐懼的遮蔽，頭頂閃爍的星星鑲嵌在 360 度全視野的夜空中，讓人覺得自己好渺小，耳中只有沙灘上寄居蟹的穿梭聲與海浪拍打岸邊的聲音。生活中日以繼夜擔憂的未來、漫無目的的忙碌、人與人之間擦肩而過的城市擁擠，在這一刻全然的消失，「不要問我未來在哪？我只想享受當下」，好久好久沒有如此般的寧靜可以與自己對話。

NAGANNU ISAND 小島上行程選擇有哪些？

旅客可以選擇「當日來回」或是「兩天一夜」留宿一晚。島上住宿可以選擇「小木屋」或者「露營帳篷」兩種房型。水上活動有：香蕉船、浮潛、潛水、海底漫步、海龜導覽等等，可以報名教練陪同或者自行租借游泳、泳圈、救生衣等設備，在安全區域內自行浮潛或者游泳。

如何參加？哪裡購買行程？

透過大榮旅遊，全中文報名服務網頁
其中包括船票、住宿、餐費或者當天來回等等都已經一併安排在行程與費用內，相當方便。
購買網址：https://www.gogojp.com.tw/Oka_ci/theme.aspx

大榮旅遊 MINI TOUR 兩天一夜費用中包括哪些？

包括費用：
· 來回船票、一泊二食（早餐與 BBQ）、住宿一晚費用。
· 另可代訂島上帳篷、水上活動、發呆亭、海底漫步等等。

不包括費用：
· 環境稅（100 日圓／1 人）。
· 島上陽傘、自行浮潛時使用的設備需要在島上自行租借（島上僅收現金）。
· 如果選擇住宿一晚，當天抵達「中餐」需自行在島上購買。

大榮旅行社，全中文報名服務網頁。

島上餐點

日式漢堡排與西式早點

日式漢堡排餐。整份餐點看似簡單卻相當好吃，尤其是外酥內嫩的漢堡肉排，鹹度適中的醬汁配上一旁的蔬菜與白飯很開胃。隔天早上提供西式早點，簡易的甜甜圈、麵包與一杯咖啡和果汁也相當好吃，尤其是甜甜圈，非常適合配上黑咖啡，以及口感上也相當滋潤。我覺得以在一座資源有限的小島上能提供如此水準的餐點，真的是讓我們感到很訝異。

BBQ

島上有提供 BBQ 的餐點選項，它是提供一桌一個鐵板烹飪架，除了兩至三種肉品以外，還有大量蔬菜、熱狗、海鮮與搭配醬料和白飯等等，可自行在鐵板上料理。在異國的無人小島上 BBQ，絕對是一輩子難忘的旅行經驗。

島上提供相當多水上設施，除了可以報名跟著教練一起浮潛、潛水、海底漫步，也能玩香蕉船或者自行租借救生圈、浮潛設備在安全海岸線內自行浮潛、曬日光浴等等。

島上注意事項：

1. 請勿攜帶任何食物進入島嶼，需在島上購買食物。島上所有花費僅接受現金支付（島上有一間餐廳和一台飲料販賣機）。

2. 為了保護海洋，白天禁止使用洗髮沐浴用品；晚上住宿者，則可以於晚上洗澡使用少量沐浴品（島上淋浴間有提供沐浴洗髮等產品，可以自行斟酌是否需自行攜帶）。

3. 自行攜帶吹風機，以及浴巾。

4. 晚上8點在餐廳會有海龜日文導覽。海龜通常上岸的時間是集中在晚上8點至凌晨3點之間，這時間內自行前往海岸找尋海龜是否有上岸產卵，請注意安全，不要離海岸線太近。務必攜帶服務員提供的紅色手電筒（紅色光線海龜看不見），以避免海龜受到驚嚇。

5. 島上住宿的小木屋，有冷氣，衛浴設備和盥洗室距離住宿小木屋約5分鐘。從那霸市區前往Nagannu，請到泊港旁的「株式会社とかしきナガンヌ島」報到。

株式会社とかしきナガンヌ島
沖繩縣那霸市泊3-14-2（P.246）
098-860-5860
MAPCODE 33 187 637*81

1. 凌晨3點找尋海龜上岸的蹤跡。
2. 最後是在早晨起床後約7點多，在沙灘上發現了海龜昨晚上岸的腳印與巢穴。
3. 島上住宿有兩種，戶外露營、小木屋。昨晚入住的小木屋，兩張單人床相當舒適，也有附設冷氣。
4. 島上唯一一間餐廳，提供了來到這座小島旅行遊客的早中晚餐。

如果你問我，是否建議留宿一晚？這夢幻的一晚絕對是我踏上沖繩 3 年來最美好的一夜。尤其當所有白天前來的旅客，慢慢的在下午離去後，整座島寂靜的你無法想像，沙灘其中一處有著發呆亭，可以坐在躺椅上等著日落，然後看著對面就是清晰可見的那霸整座城市；而另一邊則是在旅客都離開後，可以繼續游泳至傍晚 4 點，整座海域就像私人泳池般的任你暢遊。

這座島嶼雖然稱作無人島，但是訪客依舊可以選擇在島上住宿一晚，同時也會有服務人員陪伴；又或者也可以像許多前來的旅客一樣，選擇當天來回。島上也提供相當多水上設施，除了可以報名跟著教練一起浮潛、潛水，也可以玩香蕉船或者自行租借救生圈、浮潛設備，在安全海岸線內自行浮潛、曬日光浴。由於這裡遊客稀少且島嶼空曠沒有什麼大型建築物遮蔽，是個可以真正盡覽海與天空的一處絕佳美麗島嶼。

座間味島 ZAMAMI

島嶼，儼然成為我通往世界的入口，同時也是通往我內心深處的一部分，是漂流也是尋找，是拓展也同時是歸屬。在島嶼上，看似一無所有，卻反而豐富擁有，感受著無限可能。聽過一種說法，你不旅行，沒有錯，只是你會錯過與失去許多。錯過美好的風景、錯過每一位帶你脫離舒適圈的陌生人、錯過世界上美麗角落帶給你的悸動、錯過思想被啟發的過程，你沒有錯，只是你會錯過。旅行，不是逃避，反而是投以對生命的一種熱情。離開遵行常規的現實，開始一趟趟冒險的旅程。

座間味村屬於慶良間群島中，夏季有許多水上活動，最推薦的莫過於就是從「阿真海灘」出發浮潛看海龜、小丑魚與珊瑚礁，接著划獨木舟橫渡海洋到對岸的「嘉比島」。嘉比島是真正的無人島，有著與世隔絕、擺脫紛擾世俗的靜謐海域。沙灘被湛藍的海洋 360 度圍繞，獨享那磅礴美感。沙灘上還有一處礁石小山脈，站在制高點，以更廣闊的視野欣賞這片美麗到讓人動容的海景，除了夏季的水上活動，冬季也可以報名賞鯨行程，讓旅人四季都能體驗到座間味村的不同美麗風貌。

「當生活遇到瓶頸時，你知道該怎麼做嗎？繼續向前游就對了。」－海底總動員。

When life gets you down, do you wanna know what you have gotta do? Just keep swimming – Dory, Finding Nemo

在教練的帶領下，有機會看見療癒海龜在海底下優游。而沒有水下相機也沒有關係，潛水教練都會貼心幫大家紀錄海底海龜、小丑魚、各種熱帶魚，以及大家暢遊於海底的姿態。

從「阿真海灘」出發划行獨木舟到對岸的「嘉比島」，約需 15 分鐘，來回需要 30 分鐘，中途會休息兩個小時，教練會幫大家煮麵，並提供咖啡補充體力。遊客可以選擇一個人划獨木舟，或者兩個人以前後座的方式共同划船，不會游泳的朋友也不用擔心，出發前業者會提供救生衣以及防寒衣，教練的獨木舟也會在一旁協助並指導大家。由於划獨木舟需要大量的體力，會建議女生跟男生一起同一艘獨木舟，並且建議早餐記得吃豐盛點，才能有體力盡興的玩哦。

在出發前，教練就貼心的將煮麵的食材、烹飪、煮咖啡的道具，通通打包放在獨木舟上，因為經過水上活動而感到飢腸轆轆之餘，一碗熱呼呼的沖繩麵是最佳的體力補給，混合著海洋鹽味的海灘現煮沖繩麵，絕對是你一輩子都忘不了的美味。

　　「高月山展望台」，是俯瞰「古座間味海灘」最佳的制高點。不管是開車自駕還是騎摩托車，都非常推薦一定要來的座間味島景點。來到這裡，千萬不要急促離開，欣賞海景的同時，感受著海風拍打四周綠意植物，聆聽海濤盈耳，慢看天色隨著時間變化，好好沉浸在這美麗的海島景色之中。

　　「高月山展望台」附近幾乎沒有遮蔽物，因此，可以欣賞到「古座間味海灘」不同角度、不同面向的美麗奇景。看見那山岳層疊而起、礁石錯落與大自然最棒的漸層藍海水畫作了嗎？

　　不只可以欣賞日出，來到這裡欣賞日落也很美麗。返回村莊的路上一瞥座間味港的寧靜，沒有了艷陽高掛，從熱情奔放的視覺轉變為沉穩的安靜，優雅姿態呈現的座間味，別有一番風味。

古座間味海灘

除了阿真海灘，另外一處位於小山丘上後才會抵達的「古座間味海灘」，如同秘境般的人煙稀少，來到這裡欣賞著遠處墨綠優美的遠山稜線，或在沙灘上席地而坐發呆都好，將時間靜止在美好的海天一色之間。

Kerama Kayak Center 提供各式各樣的座間味島海上活動，從一日遊、半日遊，獨木舟、深潛等組合活動都有，建議出發前於官網預定行程，並在現場付費。每趟活動都有教練陪同，並提供救生衣、防寒衣、潛水用具，教練很有耐心也很活潑，活動中都可以使用英文溝通，非常推薦。

Kerama Kayak Center

沖繩縣島尻郡座間味村座間味 125-2
9:00 ～ 18:00
http://keramakayak.jp/

座間味村的食堂不少，「居酒屋三楽」是日式料理為主的小型居酒屋，有賣串燒、啤酒和生魚片等等，相當適合晚上在月色照耀下，來杯啤酒吃點生魚片，好好享受寧靜的夜晚。

居酒屋三楽

沖繩縣島尻郡座間味村座間味 84
098-987-3592
週四公休

租借腳踏車和摩托車，探索整座島

在島上可以選擇騎摩托車或者機車，都是深入了解座間味島的方式。因為座間味村內道路狹窄，不建議租借汽車。其中，租借摩托車時要注意，日本交通法規規定只有排氣量 100 以上的機車才可以搭載乘客，如果要前往島上的景點，建議租借摩托車，因為島上有許多上坡路段，如果傍晚想到附近走走閒晃，推薦租借腳踏車即可。

島上住宿有分民宿或者露營兩種，不同於大家印象中的海島度假型飯店，座間味島上的住宿以當地居民的民宿為主，房間比較傳統而沒有豪華新穎的裝備，甚至連電視、冰箱也沒有，不過來到島上就是要多與海洋接觸，住宿時的種種不便是可以被理解的。

　　我們入住相當溫馨的 Guesthouse Iyonchi，一樓是衛浴共用的空間，房間位於二樓，不管是幾人住的房型，都是相當寬敞的大型榻榻米。房間圍繞著中央的交誼廳，世界各地來的旅人都可以在這裡聊天認識朋友。如果住不習慣日式榻榻米民宿，也可以選擇住在 Guesthouse Iyonchi 旁邊的「志摩呼嚕呼嚕」，這間比較像是小型旅店的民宿，環境相當乾淨，設計也很新穎，每戶都有自己的衛浴設備，適合對居住環境比較講究的旅客。最後，Guesthouse Iyonchi 沒有提供早餐，建議大家可以前往附近的便利商店購買。

Guesthouse Iyonchi

志摩呼嚕呼嚕

「105 雜貨店」（105 ストアー）

　　島上唯一一間小型超市兼雜貨店，不只有賣早餐的麵包、牛奶、咖啡，也有泡麵、啤酒、飲料，以及如果玩水上活動臨時需要購買的周邊水上用具，部分也都有販售。唯一沒有的是便當，如果想吃便當，建議要到便利商店購買。

沖繩縣島尻郡座間味村座間味 105

098-987-2656

7:00 ～ 23:00

泊港

　　從那霸到座間味要在「泊港」搭船。搭船有兩種選擇，「渡輪」（Ferry Zamami）和「高速船」（Queen Zamami），基本上兩者行駛都是同一條路線，只差在於航行的時間，搭乘高速船只要 50 分鐘，但搖晃感會比較明顯，搭乘居民渡輪是 90 分鐘，是艘相當平穩的大船。這次我們前往座間味，就是搭乘渡輪，對於容易暈船的我，都沒有感覺到明顯搖晃，而且渡輪可以攜帶大型行李，上船前，工作人員會協助將行李放在大型貨櫃內，下船再領取。然後，不管是要搭高速船還是渡輪，建議先在網路上預訂 http://www.vill.zamami.okinawa.jp.t.gz.hp.transer.com/

泊港櫃台

　　行前在網路上預約好行程，到泊港櫃台報到，然後工作人員會請你協助填寫相關表格，接著就等船班班次時間，準備上船出發。

關於沖繩離島

　　旅行沖繩許多次的我們，喜歡的莫過於就是沖繩市區的悠閒、緩慢，並且人潮稀少的讓人覺得放鬆。但當我們從座間味、阿嘉島等地方回到那霸市區之後，突然覺得這一切變得好熱鬧，還稍微不習慣了半天。沖繩附近的離島，帶給我們的寧靜感程度有多顯著，如果你也是跟我們一樣，喜歡自然共生的寧靜環境，嚮往沒有購物，只有讓心靈徜徉在山海洗禮之中的旅行，走一趟沖繩離島，絕對可以在你的旅行日記中留下難以忘懷的一章。

ABOUT
HOTEL

沖繩
住宿

那霸 WBF ART STAY 藝術住宿飯店

2016 年剛整修完成的 WBF，位於國際通大街旁，地理位置相當好。旅館內裝乾淨新穎，早餐也豐盛的讓人心情愉悅，更特別的是這間旅店內從 Chcek in 櫃台到樓梯間、近 80 間的客房，很特別的是來自泰國北部清邁一間「Ban Rom Sai 孤兒院」孩童所繪畫的繪圖布置而成，讓小孩透過繪畫得到幫助與在這樣樂觀正面的環境下成長與學習。

一進入到旅店，就會看見內裝大量木製的桌椅與牆面延伸到地面的餐廳，挑高的視野讓人心情放鬆，隨之而來的是撲鼻的木材天然香味，希望旅客們透過視覺與木材自然散發的香氣，提供一個很靜心、放鬆舒適的環境，而晚歸的旅人，在這個空間一樓都有提供一整天免費暢飲的飲料、茶水、咖啡，更特別的是這種飲料販賣機，不像一般的可樂汽水機器，還有提供「蔬果汁」，而且環境非常乾淨，連杯子都是特別提供木製紙杯，是非常用心與可愛的 Lounge！然後，一旁也提供許多書報和當地旅遊資訊等等資料，可以讓旅人在梳洗完之後，在這裡好好喝杯茶放鬆，看點旅遊資訊。（LOUNGE〔ラウンジ〕免費使用，開放時間：12:00~23:00）

來自小孩手繪的藝術客房

剛剛提到這間旅店，大部分的內裝布置圖案都是來自潘基羅世孤兒院孩童所繪製，每間客房圖案與主題雖然都不一樣，但同樣的是，可以發現這些繪圖風格都非常色彩強烈且熱情活力十足。而我們這間的主題比較是彩繪藝術風，運用多元色彩呈現出一幅藝術意境畫，其他房型則有大樹、動物或人物等具體圖案；房間相對於一般國際通飯店較為寬敞，進房的走道可以容納兩個行李箱並排，而且靠窗邊還有一個小沙發。

沐浴用品，需要特別一提的是，他們使用的牌子則是「aroma esse gold」，這一款的牌子沐浴品香氣天然十足，沒有奇怪的多餘香精味，質地也都很柔順。而在地下一樓則附設有投幣洗衣機與烘乾機、幾台販賣機與手工藝販售區，像是房內大家看到的水杯，都是藝術品的一部分呀，喜歡的話一樓都可以購買。這間 WBF 以旅店來說，不管是從設計、巧思到設備都非常齊全。

沖繩縣產早餐餐點

飯店餐廳位於 check in 櫃檯後方，透過挑高高度和大量木質裝潢，給人溫馨與舒適感，用餐的時候不會有擁擠與急促的感覺，可以真正悠閒慢慢的享用早餐。而再走進去一點，則是大幅可以看見窗外綠地的落地窗與小小戶外區提供的兩桌圓桌區域。

早餐部分是採用自助吧，料理從中式、西式到日式都有，日式更不能少的一定有許多沖繩縣產的蔬菜，而且每一道菜前方都會介紹產地與蔬菜對於身體的功效為何，跟一般商務飯店的早餐比起來種類更多，也看得出來飯店對早餐準備的用心，看到五顏六色的豐盛早餐，還可以悠閒的慢慢吃，心情都好了起來！

WBF ART STAY

沖繩縣那霸市牧志 1-3-43
（國際通）（P.247）

098-861-7070

MAPCODE 33 157 501*18

First street 國際通度假公寓

國際通個性旅店

　　各式各樣的商旅、飯店散布在國際通的周邊，符合前來沖繩旅客的不同需求，我們前往沖繩旅遊這麼多次，也陸續在國際通上住過不少商旅、民宿以及飯店，但卻是第一次找到如此附有強烈設計風格的旅店。「First Street」在沖繩，有兩棟度假公寓，第一棟在「國際通」，另一棟在「讀谷村」。國際通這邊只有兩間房間，一間是「小型豪華套房（Deluxe Suite–Small）」，配有 2 張單人床和 2 張沙發床，可以入住約 4 人；另一間則是「豪華套房 room 002（Deluxe Suite–Special）」，2 張單人床和 4 張沙發床，可以住到 6 人，房內提供微波爐、熱水瓶、鍋具及餐具、小型冰箱、免費嬰兒床等簡易的生活用品，我覺得不只適合情侶、夫妻，也非常適合家庭或者三五好友一起來訪時入住的個性旅店。

工業風設計與爵士氛圍（2～6 人入住）

「豪華套房 DELUXE SUITE SPECIAL」除了本身公寓地點吸引我們之外，另一點則是剛剛提到的個性裝潢，「工業風爵士公寓」也像設計工作室，由日本東京知名的建築設計師事務所在沖繩企畫建設而成，實際入住後更是覺得喜歡！像這次我們入住的房型是「豪華套房（Deluxe Suite–Special）」，入口處有著一處小玄關，推開木門後進入房間，整體色系以粗曠冷灰的牆面和地面以磨石子舖成構成，但在進門最深處的牆面則以重色系木質色調，讓視覺上融合了冷色系，同時又多了一份沉穩。而家具部分，視覺中央的沙發區搭配低矮家具組，因讓空間更加簡單寬闊，也有提供音響設備，以及幾張兼具抒情與節奏的爵士樂唱片，一旁角落的字母燈具、精油香氣與整間溫暖色系燈光，都相當用心且極具設計與高質感。

而來到了「臥房區」，兩張大型雙人床併靠，兩人睡空間都還綽綽有餘，而且不只沙發區有空調，臥房區域這裡也有另一個獨立空調，因此即使房內空間寬敞，也不用擔心冷氣溫度不夠涼，在這個細節上也考慮的非常周詳。這間最多可以住到 6 人，備有 2 張單人床和 4 個沙發床，被子也有 6 條。更讓我們驚訝的是浴室與一般傳統的日本飯店截然不同，裡面居然有配備可容納 2～3 個人的「大型按摩浴池」，按摩的水流力道超舒服。在國際通逛街購物之後，完全是可以在按摩浴池裡面好好休息放鬆，也因為浴缸非常大，建議入浴前 30 分鐘先開始放水，才可以好好享受泡澡的樂趣。

First Street 房型非常強調的其一設計就是他們的浴缸，不管是入住國際通還是讀谷村都有。至於入住大家最關心的盥洗設備，也提供相當齊全，洗髮精、護髮乳、沐浴乳、泡沫洗面乳及洗手乳、拋棄式拖鞋、沐浴綿、刮鬍刀、毛巾及浴巾、牙刷及牙膏、梳子和吹風機都有。

個性度假飯店 First Street，強烈的裝潢在國際通上獨樹一格，絕對給每位旅客帶來印象深刻的入住體驗，哦！只不過這間因為房間數少，僅僅兩間，會建議大家如果喜歡，絕對要提早預訂哦。

First street 國際通度假公寓

沖繩縣那霸市久茂地 3-5-13, 3 樓（國際通）
（P.247）
080-6497-3026
MAPCODE 33 157 369*67

First street 讀谷村度假公寓

沖繩縣中頭郡讀谷村長浜 864（沖繩中部）
（P.249）
080-3966-3307
MAPCODE 33 883 566

Kanucha Bay Hotel 卡努佳度假村

「Kanucha 卡努佳度假村」位於沖繩北部。這裡結合了濱海風景與高爾夫休閒場地，占地80萬平方米的超大型度假村，各國飲食文化以及休閒娛樂匯集於此，也是許多日本人會特地來這裡度假的休閒勝地。每年11月1日到2月28日會舉行沖繩最大的冬祭燈展「stardust 星辰狂歡節」。這裡園區相當大，白天很適合在度假村裡面，坐著高爾夫球車或者免費導覽巴士，其中有許多手作琉璃、彩繪課程、泰式按摩、瑜珈課程、購物和超夢幻教堂，夏季會開放各式各樣的水上活動。晚上房客們在戶外海邊酒吧旁喝著啤酒、吹著海風，更是一番享受。

我們這次入住標準雙人房（スタンダードツイン〔Standard Twin〕），也有更高檔的濱海房房型。不過標準雙人房的空間已經非常寬敞，不只提供兩張大型雙人床、沙發、電視、客廳，更是廁所、洗澡間與洗手檯分離的設計，相當適合兩人以上的家庭一同入住。飯店附贈早餐，則有西式、中式與日式三種可供選擇。前兩種是典型的吃到飽形式，日式早餐則是定食，雖然說是定食，但是食材豐盛的程度，一點也不輸 Buffet 的菜色。

備註：

1. 入住 Check in 的時候，櫃台人員會詢問房客早餐的選擇，並且會附給你地圖，告知早餐時間與位置。

2. 高爾夫球車出租：2小時1500日圓／一車，每延長1小時500日圓／一車；24小時5000日圓／一車（一台限定載最多5人）。

3. 園區內有免費觀光巴士；停車費用免費。

**Kanucha Bay Hotel
卡努佳度假村**

沖繩縣名護市字安部 156 番地 2
（P.250）

098-055-8484

MAPCODE 485 159 343*28

The Terrace Club At Busena

　　來沖繩這麼多次，很少選擇在 58 號縣道周邊住宿，每次開車經過這裡，早就對這一帶超美濱海度假村心動不已，因此也決定在旅行中安排住上兩晚。整體來說，The Terrace Club At Busena 這裡的住宿環境被山與海圍繞，因此，環境靜謐寧靜，也因為這種度假村非傳統大型觀光飯店，入住的兩天之中，也都不曾遇到有大批遊覽車潮進入，即使當天住房客不少，但也不會讓人有焦躁煩雜的感受；外加設施提供的房型到酒吧、戶外下午茶區等等，在空間規劃上都相當大器的拉開了桌與桌的間距，讓不管是情侶、夫妻或家庭前來享受設施或美食，都能非常自在與舒適，更不用說的從陽台即可見到寬闊的海邊以及無邊際泳池，游泳、運動的同時，欣賞日出及日落的美景，奢華低調的 The Terrace Club At Busena 實在很難不讓人推薦。沖繩度假的百百種樣貌，妳們最想嘗試哪一種呢？或許下次可以來到名護這裡，住上一晚 The Terrace Club At Busena，好好犒賞平日因為繁忙工作而勞累的自己。

CLUB DELUXE OCEAN 入住一晚奢華時光

The Terrace Club At Busena 房型總共有四種選擇，Club Deluxe、Club Deluxe Ocean 2 Bedrooms、Club Deluxe Ocean、Club Deluxe Sunset，其中像房型Club Deluxe Ocean就如其名的是可以看海的房型，躺在陽台的沙發上，即可欣賞從東方山頭升起的日出，如果是入住Club Deluxe Sunset，訪客就得以獨享整座度假村日落的美麗景色，大家可於訂房時在網路上選擇自己最喜歡的房內窗外景色房型。入住這裡的旅客，還可以同時享有著專屬於度假村的私人沙灘；下午時刻，大家可以選擇來到位於一樓的Fine Dinning，室內與戶外兩種座位，免費享用的水果、蛋糕與茶飲、咖啡等等，在最舒適的位置上，以最放鬆的姿態，滿足味蕾的同時也奢侈的放空身心，任憑時間點滴流逝，也可以到海灘散步走走，累了就索性在度假村提供的沙灘邊躺椅上休息，曬曬日光浴；夜幕低垂，夜晚來到一樓吧台區以及沙發區，享用著飯店免費提供的酒精飲品，現場還不時有鋼琴師伴奏，月色、調酒與微風，編織出了夜晚南國度假另一種奢華樣貌。

夜晚，現場演奏酒吧區

夜晚，來到一樓吧台區以及沙發區，也都提供著免費酒精飲品，現場還不時有鋼琴師伴奏，月色、調酒與微風，編織出了夜晚南國度假另一種奢華樣貌。入夜後的The Terrace Club At Busena，延續了療癒放鬆的氛圍入住的旅客，夜晚以來到一樓半戶外的吧區或者沙區，這裡除了提供免費酒精飲品以外，現場還不時會鋼琴師伴奏音樂，讓旅客以在藍光與光相互輝映，享用著調酒與半開窗外傳來的浪濤拍打海岸聲，釋放全身疲憊

The Terrace Club At Busena 最吸睛的莫過於將部瀨名海岬的景色，延伸進了度假村裡的戶外無邊際游泳池「Outdoor Pool（infinity pool）」，讓人游著會有種置身於大海中的寬敞感。

入住 The Terrace Club At Busena，不妨將當天行程排得鬆散一點，可以早起晨泳或者傍晚來游泳，欣賞海邊那天空藍中帶點橘紅色系的夢幻美。

水療設施開放時段：
3 月至 11 月 9:30 ～ 22:00
12 月至 2 月 9:30 ～ 20:00
設施使用備註：必須卸妝（水療池服務台有提供免費卸妝用品），並且到水療池後，服務生會提供女性薄長袖衣穿，以緩衝水柱沖擊身體的力道。

戶外無邊際游泳池，設施開放時間 6 月至 8 月 9:00 ～ 19:00，4 月至 5 月、9 月至 10 月 9:00 ～ 18:00。

也能走到鄰近的部瀨名海灘散步，選擇最舒適的海灘旁位置，放鬆身心。備註： 1. 飯店僅限住房客以及使用 Thalasso 客人進出使用，其餘人不可入內。2. 除了客房以外，飯店提供的設施需要 13 歲以上年齡方可使用。

喜歡一座城市，總是會很瘋狂地想要體驗它每個季節不同的樣貌，即使一年拜訪好幾次，南國沖繩限定的藍天，漸層色系海水綿延至天穹之間的景色依舊讓我著迷不已。

享用沖繩縣產,健康早餐

度假村中提供的早餐型式相當多元,除了在一樓 Fine Dinning 室內外座位享用 buffet 豐盛早餐外,也可以選擇提前預約大門入口處左側一帶許多不同國家料理餐廳,像是義式、日式等等,或者選擇在房內陽台享用 room service,不管是哪種早餐型式,皆是提供著以沖繩縣產為主的蔬菜、水果,多變豐富的早餐是度假的完美起點。

The Terrace Club At Busena

沖繩縣名護市喜瀬 1750(沖繩北部)
(P.250)
098-051-1113
MAPCODE 206 442 018*03

Condominium Hotel Monpa 沖繩蒙帕公寓式飯店

　　蒙帕公寓式飯店位於美國村內，室內空間非常寬敞是最吸引人的地方，小型廚房以及附設洗衣服、烘衣間，兩張大床，還有客廳與廚房和衛浴、廁所分開的空間規劃，多人入住非常適合。要注意的是飯店為了要提供大家如同回家般的舒適感受，不提供任何打掃服務以避免打擾房客，如果需要更換毛巾，可以自行到二樓 Check in 櫃台，每天都會放籃子給大家放髒的毛巾，並更換乾淨新的毛巾。衛浴盥洗設備有提供沐浴乳、洗髮乳、牙刷牙膏、毛巾、浴巾、梳子等。

　　Monpa 有自己的平面一樓停車場提供入住房客停車，看到有空位的車格即可停入，之後搭乘電梯到二樓 Check in 櫃檯告知車號號碼，工作人員會發放 Monpa 專用的停車證，停車時將證件放置在車窗前面即可，但這裡的停車格是需要額外付費，停放車輛一晚日幣 500。但有一點要特別注意，由於停車場位置有限，車滿就要停到北谷町公營停車場，在訂房的時候就要備註會開車來哦！早餐部分，因為他們這間飯店內部沒有餐廳，加購早餐，是需要走到飯店對面「リゾートカフェ KAI」餐廳，然後一樣，如果想要加贈早餐，記得在訂房時也要一併備註哦！

視野寬廣、價格實惠

　　來帶大家看一下 4F 拍下的美國村夜景，我們這次剛好住到面對摩天輪這一面的房間，從走廊就可以一覽美國村的全貌。打開落地窗，正對 Sunset beach，窗外就是一片無際的海與天空，而不管是早起想在窗台看海景，還是夜晚想在陽台看夜景，都非常方便，讓你足不出戶也可以擁有一片風景的度假氛圍，如果想去一旁的 Sunset beach 踏浪玩水，下樓走路 1 分鐘就到了，非常方便！對於想要來沖繩旅行發懶的朋友，Monpa 更適合不過了！

Condominium Hotel Monpa

沖繩縣北谷町美浜 8-12（美國村）

（P.249）

098-936-0088

MAPCODE 33 525 297*01

KARIYUSHI LCH.Izumizaki 縣廳前（本館）

這間旅店的位置很好認，就在 Lawson 便利商店樓上，步行 3 至 5 分鐘就可以抵達國際通，位置相當便利的旅店。飯店內部從大廳到房內也都相當新穎，有趣的是還提供了部分的樓中樓房型，想嚐鮮的訪客不妨一試。唯一的缺點是飯店沒有配合的停車場，房客必須自行尋找周邊的停車場停放汽車。

沖繩縣那霸市泉崎 1-11-8（國際通）（P.247）
098-866-1200
低價位
MAPCODE 1005 656 671*52

Beachside Condominium / 海濱公寓酒店

Beachside Condominium 走的是美系公寓式酒店，位置就在安良波公園旁，大部分的房間都有陽台可以直接面安良波海灘，房內開窗即可看見海邊日出與夕陽，頂樓有一個提供結婚的小教堂場地，從頂樓望出去的海景可以一望無窮無境的海天一色。房內還有提供簡單的廚房，以及洗衣機、烘乾機，以便想來這裡度假玩水的朋友，可以方便換洗衣物，整體很像家的感覺，不但適合想來玩水的朋友住，也很適合全家大小或多人共遊。距離美國村開車只要 5 分鐘，旁邊就是平價嬰幼兒用品賣場西松屋，交通非常便利。

沖繩縣北谷町北谷 2-16-2（美國村）（P.249）
098-975-6058
中價位
MAPCODE 33 496 132*32

コンフォートホテル那覇県庁 /Comfort Hotel Naha Prefectural Hotel

這間飯店我們給的評價相當高，位於單軌電車「縣廳前」站步行大約 3 至 5 分鐘，距離國際通入口走路約 5 分鐘。飯店對面就有便利商店 Lawson，雖然開業近 10 年，環境卻相當新穎和舒適，飯店裝潢偏西方路線，走乾爽清淨的白色調，而非一般沖繩傳統溫暖黃色調裝潢。一進門就可以看見俐落的大廳、沙發區，營造出獨有的西式氛圍，大廳不但提供多台電腦、網路使用，也有簡易的沙發區，並提供免費咖啡、茶飲，營造出完整且舒服的交誼廳，如果大家分散在許多不同的客房，晚上還能利用交誼廳與朋友聊聊天喝杯咖啡。房間的設備相當優雅，簡單卻極具高質感，床非常舒適也很乾淨。整體來說，雖然價格稍微偏高，但仍是非常推薦的住宿選項。

沖繩縣那霸市久茂地 1-3-11（國際通）（P.247）
098-941-7311
中價位
MAPCODE 33 156 136*81

東橫イン那霸おもろまち駅前／東橫 INN Omoromachi 站前店

東橫 INN 是日本平價連鎖飯店，對於住宿有預算限制的人來說是個很好的選擇。在那霸當地有許多分店，特別推薦おもろまち站前店。第一點是從おもろまち出站走路只要 2 分鐘就抵達飯店，交通非常便利；第二點是對面就是 T Galleria by DFS，許多租車公司在 DFS 二樓都有設立據點，取、還車都非常方便。而 5 分鐘的路程內就有 Lawson 便利商店，走路 10 分鐘則有那霸 Main Place 購物中心，生活機能完善。由於是平價飯店，房間稍微窄小，但是相當乾淨，一樓提供電腦與網路，還有販賣機以及投幣式洗衣，飯店也有衣物送洗服務，提供了基本但非常周到的商務服務，也難怪多半入住的不完全是觀光客，也有很多來自日本本島出差的日本人住宿。櫃檯也不時看見會說中文的服務生，對於台灣旅客住宿非常方便。

沖繩縣那霸市 Omoromachi1-6-6（新都心區）（P.246）
098-862-1045
低價位
MAPCODE 33 188 177*01

HOTEL OCEAN

這間飯店相當適合親子旅行的訪客，飯店內大廳就很貼心提供小孩玩具室、兒童推車、故事書、玩具等，很特殊的是提供各式各樣的入浴組供訪客選擇。早餐也非常推薦，種類豐富的沖繩在地料理，也有準備小孩使用的餐碗盤和沖繩縣產料理，讓小孩大人都能吃得健康，整體來說是那霸市推薦的親子友善飯店。

沖繩縣那霸市安里 2-4-8（國際通）（P.247）
098-863-2288
中價位
MAPCODE 33 158 678*60

Hotel Orion Motobu Resort and Spa / 奧利安本部旅館度假村

2014 年 7 月才剛開幕的奧利安本部旅館度假村，各式各樣的休閒設施以及客房等都非常新穎舒服，還設有可以瞭望海景的天然溫泉大浴場，每個房間都能無死角看到海天一線的絕佳海景。奧利安本部旅館位於美麗海水族館附近，步行只要 7 分鐘的距離，相當方便。此外，這間飯店最受好評的地方在於對親子家庭非常友善，刻意挑高的房間而且寬敞，全木地板也很適合小朋友在房間內活動，就連備品都有特意準備適合小朋友的，如果規劃行程以放鬆、悠閒為主，推薦這間豪華而頂級的度假村酒店。

沖繩縣国頭郡本部町備瀬 148 番地 1（沖繩北部）（P.250）
098-051-7300
高價位
MAPCODE 553 105 322*17

Vessel Hotel Campana Okinawa

開幕於 2012 年的 Vessel Hotel，就位於美國村的 sunset beach 旁邊，地理位置非常的好，一出門就是美國村最熱鬧的商業區，可以同時欣賞到 Sunset beach 出名的日落美景與美國村的夜景，更吸引人的是他在 10 樓設有一座展望浴場，180 度的全開放透明玻璃，讓你可以一邊泡澡一邊欣賞無死角的無敵海景，在日落時甚至能看到太陽落入海中的壯觀景色。

沖繩縣中頭郡北谷町字美浜 9-22（美國村）（P.249）
098-926-1188
高價位
MAPCODE 33 525 322*86

沖繩殘波岬ロイヤルホテル / 沖繩殘波岬皇家飯店

飯店位於熱門觀光景點殘波岬附近，皇家飯店提供非常多的遊憩設施，從戶外游泳池、露天岩石浴池、大浴場、卡拉 OK、到小型購物中心，在飯店高樓層享用自助式的早餐，視野極佳，可以在一望無際的大海藍天白雲中輕鬆的享用度假早餐。房內相當寬闊的空間呈現簡單溫馨風，這是與市區型飯店比較不一樣的地方。有的房間除了雙人床、梳妝台以外，還會另外提供房內與房外各一組小桌子，讓訪客回到飯店後，可以在陽台悠閒的喝杯啤酒數著星星。因為地理位置偏僻，需要開車才可以抵達，飯店一樓就有小型超市能買些零食與啤酒，因為品項不多以及附近沒有商店，建議在從市區回到飯店時就買些零食與飲料。

沖繩縣中頭郡讀谷村字宇座 1575（沖繩中部）（P.249）
098-958-5000
中價位
MAPCODE 1005 656 671*52

InterContinental ANA Manza Beach Resort / 萬座海灘全日空洲際度假酒店

全日空洲際度假酒店也是度假村式的飯店，待在度假村內就可以享受到各式各樣的休閒設施，划船、潛水等水上活動，都能透過飯店人員代為安排，飯店內部也有許多評價相當高的美食餐廳，更特別的是這座酒店擁有只提供給房客使用的沙灘，獨享專屬於自己的迷人海灘。此外，從房間望出去一望無際的海景更是無敵，在網路上幾乎是零負評的超人氣酒店。想要來沖繩度假且沒有預算限制的話，非常推薦全日空洲際度假酒店。

沖繩縣國頭郡恩納村字瀨良垣 2260（沖繩北部）（P.250）
098-966-1211
高價位
MAPCODE 206 313 456*83

ABOUT SHOP

沖繩購物

在 Indigo 找尋
一種舒適生活的態度

走一趟 Indigo，不同於沖繩境內
其他風景、古蹟或者美味料理，
這裡要帶你透過雜貨小物，找回
生活真正的樣貌。

Indigo，單獨一間傳統平房佇立著，回想起與 Indigo 的偶遇，經過時不經意被灑落在窗櫺的陽光，簡約木質窗門的外圍景象所吸引，透亮的窗戶內看見的是滿滿的木製家具，溫暖氛圍與樸質沖繩街道相應著，彷彿發現寶藏一樣驚喜的推門而入。首先映入眼簾的是許多大型木製餐桌家具與轉角那些巨大綠色植物盆栽，角落的木框鏡子、一張長餐桌靜靜的放在中間，上頭滿佈著時光回憶的紋路，延伸到臥房寢具用品，看著一件件帶有溫度的復古物件沿著窗櫺安靜的座落著，透過大篇幅的窗框，光線得以充足的照入室內，靜謐的空間瀰漫了整間小店，時光彷彿在店內停止，每件物品此時此刻都扣住了我們的目光與心情。

走在這樣帶有空氣感的舒適氛圍中，想著：這不就是家的熟悉度嗎？「在舊的材料框架中，

運用新的理念手作出帶有溫度與質感的家用家具，提倡在家具與生活用品中，找尋舒適生活最想要的樣子」，這就是 Indigo 想要傳遞家的理念與核心。

出生於沖繩的店主比嘉亮，從大阪大學畢業後，從事室內裝潢，而後又輾轉進了家具公司，在家具公司待上好些年之後，發現在社會快速變遷下，許多家具的設計與製作是在講求效率的商業模式下生產，過於規格化、制式化而無法透過「家具與生活物品」帶給人「家」真正應該要有的溫度。在不斷思考設計與物品之間，家具與家之間的關係下，決定回到沖繩，利用親戚家沒有使用的店舖，開啟自製手工家具店，這就是現在 Indigo 的樣貌。

如果是第一次來訪沖繩，來到讀谷村我會推薦你必訪「殘波岬」與沖繩古城遺址「座

喜味城」，還有那販賣肥美海鮮的「海人食堂」，但如果你是第二次、第三次來訪，那我則會建議你走一趟「Indigo」，因為不同於古蹟、美景與美味，這裡更重要的是，要帶你找回生活真正的樣貌。

沖繩縣讀谷村楚辺 1119-3
（P.249）
098-894-3383
週三至週五 11:00~16:00、
週六 11:00~17:00
週一、週二、週日公休
MAPCODE 33 764 516*88

永旺夢樂城，
沖繩來客夢購物中心

沖繩縣中頭郡北中城村泡瀨土地區劃整理事業地內（P.249）
098-930-0425
10:00~22:00
MAPCODE 33 530 406

於 2015 年開幕的「永旺樂夢城沖繩來客夢」，離那霸機場車程約 40 分鐘，占地超過 17 萬平方公尺的廣大面積，購物中心集結了 220 間首次進駐沖繩地區的店舖，品牌非常多元，並且提供從當地料理到世界料理，種類繁多的美食，為日本國內外旅客提供嶄新綜合購物商城。這裡一帶曾經是美軍高爾夫球場用地，四周被碧海藍天包圍著，讓旅客前來不只是購物，也是可以吃盡美食和看遍風景的地方，整區結合了購物與放鬆度假，是南國沖繩特有的購物景象。

永旺樂夢城沖繩來客夢販售的品牌相當多，其中最受歡迎的莫過於就是相當療癒的「CRAFTHOLIC 日本宇宙人」，款式相當多，售價也相當平價；「Roots of hawaii」，則是一間充滿熱情的禮品小店，從服飾、香氛系列產品都有，這裡絕對適合挑選禮品的好地標。

永旺樂夢城沖繩來客夢購物中心集結了 220 間首次進駐沖繩地區的店舖，品牌多元，像是 Forever21、Old navy、AE、Roots Hawaii、Global Work、Bic CAMERA 都有進駐。

美系品牌在這裡也可以購買得到，例如像是 American Eagle，這間不但同時有賣著夏季與冬季服飾，而且不定期還會有特賣折扣季，非常推薦喜歡美系品牌的旅客，來到永旺夢樂城沖繩來客夢，千萬不要錯過的購物地標。

世界第二好吃麵包

　　購物商城的四樓是美食區，其中日本排隊名店「世界で 2 番めにおいしい きたてメロンパンアイス」，現在在沖繩也可以品嚐到。這間冰淇淋菠蘿麵包號稱是世界第二好吃麵包，為何稱作世界「第二」好吃，是因為老闆認為第一好吃的是當初教他做麵包的師傅做出來的麵包，而自己是第二。最特別在於整個烤得酥脆的菠蘿麵包，中間夾入大量的香草冰淇淋，一口吃下會先品嚐到帶有點熱度的外層麵包香氣，下一秒則是口感濃郁冰鎮的冰淇淋，冷熱交錯，讓口感相當具有立體度，相信不只是女生，也會是男生很愛的甜點。雖然現在這間甜點在台灣已經有開設分店，但是仍很推薦來到「永旺樂夢城沖繩來客夢」，在購物之餘，可以前來品嚐補充熱量的甜點美食。

Malasada Garage 美式系列甜甜圈

　　同樣位置在四樓的另一個甜點，則是很推薦這間充滿夏威夷熱帶風格的甜甜圈店，琳瑯滿目的口味可以選擇，將選好的口味甜甜圈經過稍微高溫油炸一下，外層麵衣被炸的酥脆，內餡則相當軟嫩。有的甜甜圈上方還會撒上糖粉，甜蜜蜜的滋味很適合前來品嚐看看。

AEON 超市

　　如果沒有空來到 AEON MALL RYCOM 採購，其實沖繩縣內有著許多分店的 AEON 超市也是相當好逛，熟食區更是提供了正餐之外的好選擇，在這裡可以買到各種沖繩獨有的土產與可攜帶回台的食材、料理調味罐、餅乾等等。

KOJIMA X BIC Camera

在這裡除了男生想買的 3C 商品，女生想買的美容儀器，都可以在 BIC CAMERA 找到，免消費稅以外，也常常有 5~7% 的額外折扣。

那霸店
沖繩縣那霸市字安謝 664-5（P.246）
10:00~21:00
MAPCODE 33 248 330*75

大國藥妝

沖繩大型人氣藥妝連鎖店，大國藥妝。舉凡藥品、化妝品、健康食品、餅乾，以及日用雜貨等等，都可以在這裡網羅購買，一次購買 5,000 日圓以上還能享有免 8% 消費稅。

國際通店
沖繩縣那霸市牧志 2-1-19（P.247）
10:00~23:00
MAPCODE 33 157 504*57

市場本通り

　市場本通り可以說是國際通大街的縮小版，舉凡在國際通土產店面有販售的商品，幾乎在市場本通り也買得到，售價有時還會便宜不少。

00:00~24:00
MAPCODE 33 157 413*67
（P.247）

Habu Box

　Habu Box 是沖繩在地的設計品牌，獨特的創意與設計風格，是絕對可以代表沖繩的 T 恤。這兩年更與來沖繩春訓的日本職業棒球隊合作，販賣沖繩限定的職棒紀念 T 恤。

國際通店
沖繩縣那霸市松尾 1-2-4
（P.247）
10:00~20:00
MAPCODE 33 156 179*45

calbee+

　　Calbee+ 卡樂比薯條自從推出薯條三兄弟後，已經躍昇為必買伴手禮之一，而來到沖繩，除了一般薯條三兄弟經典口味外，還可以吃到沖繩限定紅芋口味。

沖繩縣那霸市牧志 3-2-2（P.247）
10:00~21:00
MAPCODE 33 157 447*34

唐吉軻德

　　24 小時營業的藥妝連鎖店，沖繩不能錯過的另一間藥妝店，就屬同樣位於熱鬧大道國際通上的唐吉軻德。從日用品、紀念品、化妝品、藥妝、沖繩限定零食，也可以買到來自日本其他地區的土產伴手禮。

國際通店
沖繩縣那霸市松尾 2-8-19（P.247）
00:00~24:00
MAPCODE 33 157 382*40

國際通店
沖繩縣那霸市松尾 2-8-19
（P.247）
11:00~23:00
MAPCODE 33 157 382*40

PABLO

　　到國際通，不要忘記來 PABLO 品嚐沖繩限定：紅芋起司塔口味！尤其是等待剛烤好熱騰騰的起司塔，一口咬下可以吃到外層酥脆，裡頭半融化的起司配上一杯冰涼不甜不膩的紅芋奶昔，幸福的感覺就慢慢在口中化開。

AMERICAN DEPOT

　這裡是沖繩境內首屈一指的美國休閒商品商場，販賣琳瑯滿目種類齊全的商品，是來到美國村必逛的景點之一。

沖繩縣北谷町字美浜 9-12（P.249）
（DepotA.B.C A 館 1 樓）
10:00~21:00
MAPCODE 33 526 421*04

Chicago Antique

　Chicago Antique 是沖繩境內最大間的二手販賣店，小至稀奇古怪的玩具大到復古家具都有，來到這裡可以精心挑選喜愛的禮物送給朋友。

沖繩縣宜野灣真志喜 1-1-1（P.249）
11:00~19:00
店內禁止拍攝
MAPCODE 33 374 301*18

LIFE dailywear

　販賣各種美式風格的 T-Shirts、帽子，並以沖繩文化為發想設計了許多獨創的產品，想要買獨一無二的沖繩紀念品，來這裡準沒錯！

沖繩縣宜野灣大山 2-1-9
（P.249）
13:00~20:30
MAPCODE 33 374 866*83

櫻坂劇場

　充滿文化氣息的「櫻坂通」，是沖繩文化藝術的空間展演地帶，以及複合式文化劇場，離國際通走路只需 10 分鐘左右的路程即可抵達，被我們稱作是轉個彎，就可以遠離大量觀光客的秘密空間。很推薦午後花點時間來到這一帶感受一下屬於沖繩的慢活文化。

沖繩縣那霸市牧志 3-6-10
（P.247）
9:30~23:00（隨上映的電影稍有變動）
MAPCODE 33 158 271*50

琉球玩具

　　出生於沖繩的藝術家豐永盛開設的店舖，其作品兼具沖繩傳統文化特性與童趣手繪造型，給人一種回到童年的寧靜快樂感。豐永盛先生的每一個玩具都是手工製作，細膩的雕刻功夫與豐富色彩充滿想像力的玩具作品，怎麼能不列入必買購物清單內呢？！

沖繩縣那霸市牧志 3-6-2（P.247）
10:00~18:00
週日公休
MAPCODE 33 157 238*17

じーさーかす

　　位於一樓平房的老屋，經過的人很難不被這間店家所吸引，老闆來自北海道，販售著收藏已久的二手玩具、文具、廚具用品等等，以及一些工匠設計藝品，還有歷史悠久的 ORION 相關產品，很適合來這裡挖挖寶找驚喜。

沖繩縣那霸市牧志 3-4-6（P.247）
11:00~20:00
週一公休
MAPCODE 33 157 117*36

沖繩縣那霸市壺屋 1-21-9
（P.247）
10:00~19:00 不定期公休
MAPCODE 33 158 038*84

yacchi & moon

　　這間擺滿了各種手作陶藝結合童趣風味小物，店家以手作呈現獨一無二的陶藝作品，手工細膩度與可愛程度絕對很值得大家購入當作伴手禮，或者是當作回憶沖繩旅行的雜貨。

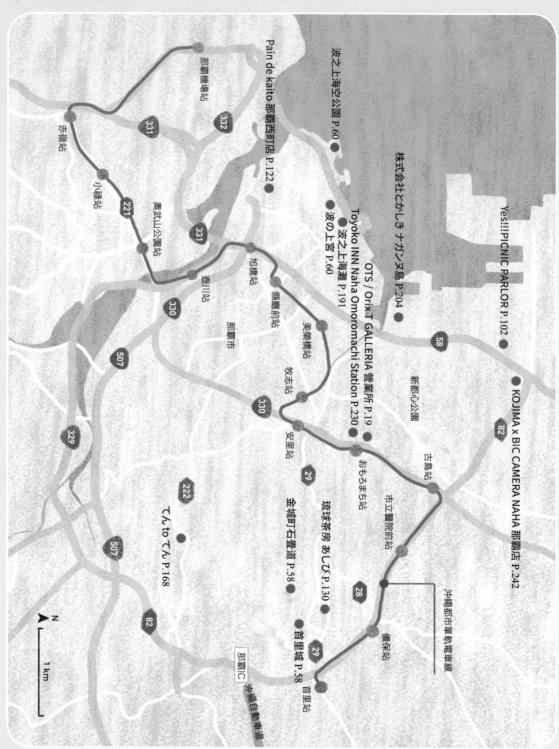

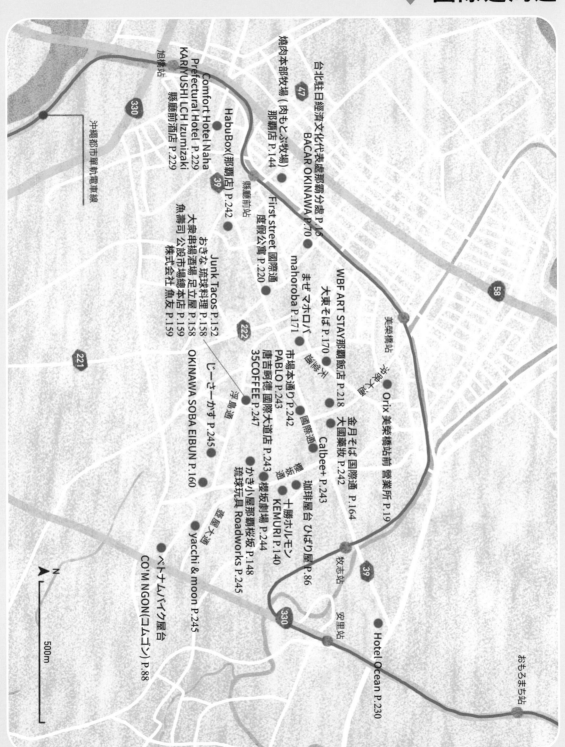

中部

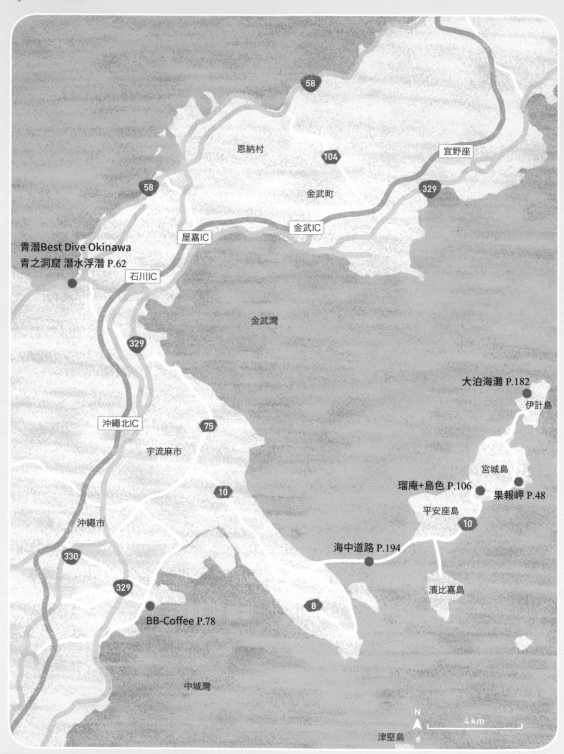

58

恩納村

104

宜野座

58

金武町

329

屋嘉IC

金武IC

青潜Best Dive Okinawa
青之洞窟 潜水浮潜 P.62

石川IC

金武灣

大泊海灘 P.182

伊計島

沖縄北IC

75

宇流麻市

宮城島

瑠庵+島色 P.106

果報岬 P.48

10

平安座島

海中道路 P.194

10

沖縄市

330

濱比嘉島

329

BB-Coffee P.78

8

中城灣

N

4 km

津堅島

恩納村

東海

金武町

58

58

屋嘉IC

金武IC

石川IC

329

金武灣

殘波岬燈塔 P.61

殘波岬皇家度假飯店 P.231

讀谷村

First Street讀谷村度假公寓 P.220

パン屋 水円 Bakery Suien P.114

金月そば 讀谷店 P.164

75

6

58

329

indigo P.234

沖繩北IC

宇流麻市

74

GORDIES OLD HOUSE P.66

嘉手納町

10

美國村 P.51

沖繩市

ZHYVAGO COFFEE WORKS OKINAWA P.74

TIMELESS CHOCOLATE P.98

沖繩南IC

Sunset beach P.188

20

329

Condominium Hotel Monpa P.227

Vessel hotel Campana Okinawa P.231

22

American Depot P.244

北谷町

24

永旺夢樂城沖繩來客夢 P.238

安良波海灘 P.192

北中城村

Beachside Condominium P.229

58

330

普天満宮 P.59

PLOUGHMAN'S LUNCH BAKERY P.118

81

北中城IC

宜野灣Tropical熱帶海灘 P.195

宜野灣市

LIFE dailywear P.244

Chicago Antique P.244

中城灣

隱れ家カフェ清ちゃん

中城村

34

29

58

浦添市

330

38

西原IC

329

82

西原町

N

4 km

Hotel Orion Motobu Resort and Spa P.230

沖縄美麗海水族館 P.63

114

115

焼肉本部牧場 (肉もとぶ牧場) 本部店 P.144

瀬底島沙灘 P.189

瀬底島

本部町

449

Pain de kaito 名護本店 P.122

名護灣

東海

Shrimp Wagon Yanbaru Kitchen P.91

古宇利島

505

247 古宇利大橋 P.190

今歸仁村

CALiN P.92

屋我地島 125

84 123 110

72

羽地內海

505

ENTRO スープ&タパス P.138

58

71

58

名護市

329

卡努佳度假村 P.54 P.222

許田休息站

The Terrace Club At Busena P.223

海風よ Sea Breeze P.132

許田IC

58 金月そば 恩納店 P.164
Mission Beach P.174

InterContinental ANA Manza Beach Resort P.231

MAGENTA n blue P.110

萬座毛(象鼻石) P.61

58 恩納村

宜野座IC

329

104

金武町

屋嘉IC

金武IC 金武町 P.44

329

石川IIC

N

4 km

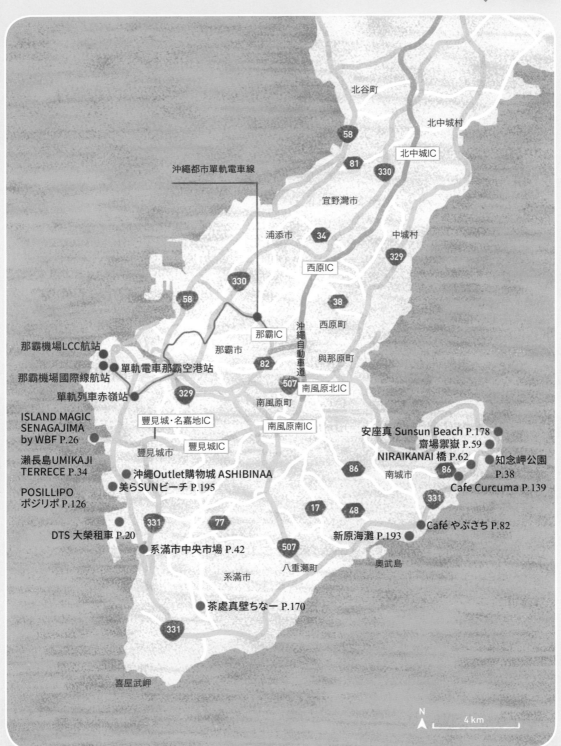

北谷町

北中城村

58

81

330

北中城IC

宜野灣市

34

中城村

浦添市

沖繩都市單軌電車線

329

西原IC

330

38

西原町

58

那霸IC

沖繩自動車道

與那原町

那霸機場LCC航站

那霸市

82

單軌電車那霸空港站

507

南風原北IC

那霸機場國際線航站

329

南風原町

單軌列車赤嶺站

安座真 Sunsun Beach P.178

ISLAND MAGIC
SENAGAJIMA
by WBF P.26

豐見城・名嘉地IC

南風原南IC

齋場禦嶽 P.59

NIRAIKANAI 橋 P.62

瀨長島UMIKAJI
TERRECE P.34

豐見城IC

知念岬公園
P.38

沖繩Outlet購物城 ASHIBINAA

豐見城市

86

南城市

86

POSILLIPO
ポジリポ P.126

美らSUNビーチ P.195

Cafe Curcuma P.139

DTS 大榮租車 P.20

331

77

17

48

331

Café やぶさち P.82

系滿市中央市場 P.42

507

新原海灘 P.193

八重瀨町

奧武島

系滿市

茶處真壁ちなー P.170

喜屋武岬

N

4 km

251

沖繩・お元氣ですか

折扣期間:2018/4/1起－2018/12/31止

沖繩・ＤＴＳ租車

日本專販｜大榮旅遊

電話番号(02)2522-3265

折扣碼:DTSBK1801

請掃描QR code，訂購時輸入
折扣碼可享租車優惠！

無限全球通 GLOBAL WiFi 折扣券

優惠代碼【bite520】

8 折 + 寄件免運之優惠

折扣優惠代碼，請輸入在
「請輸入優惠代碼」之欄位
折扣代碼使用期限為即日
起～ 2018/12/31 日止

【申請須知及注意事項】

1. 本優惠代碼享有上述之優惠，且不得與其他優惠併用，相關資費將以 GLOBAL WiFi 官網上公布為基準。

2. 本優惠僅適用於租借 GLOBAL WiFi 分享器，不適用其他選購服務項目。

3. 本優惠採預約制且數量有限，租借服務以現場庫存為主，若庫存不足 GLOBAL WiFi 保有變更訂單之權利。無限全球通移動通信股份有限公司 (GLOBAL WiFi) 保留活動修改、變更及終止之權利。

4. 相關租借辦法，使用規則請依照 GLOBAL WiFI 官網為主。

國家圖書館出版品預行編目 (CIP) 資料

沖繩南國散策：在地秘境x海島慢活風格，一訪再訪的
自遊休日提案/ 焦糖熱一點著. --初版. -- 臺北市：創意
市集出版：城邦文化發行, 民107.04
　　面；　　公分
ISBN 978-986-95985-8-3 (平裝)

1.自助旅行 2.日本沖繩縣

731.7889　　　　　　　　　　　　　　　　107002746

2AF660

沖繩 南國散策

おきなわだいすき

在地秘境x海島慢活風格、
一訪再訪的自遊休日提案。

作者 焦糖熱一點 ／ 責任編輯 李素卿 ／ 主編 溫淑閔 ／ 版面構成 江麗姿 ／ 封面設計 走路花工作室 ／ 行銷
專員 辛政遠、楊惠潔 ／ 總編輯 姚蜀芸 ／ 副社長 黃錫鉉 ／ 總經理 吳濱伶 ／ 發行人 何飛鵬 ／ 出版 創意
市集 ／ 發行 城邦文化事業股份有限公司 歡迎光臨城邦讀書花園 網址：www.cite.com.tw ／ 香港發行所 城
邦（香港）出版集團有限公司 香港灣仔駱克道 193 號東超商業中心 1 樓 電話：(852) 25086231 傳真：(852)
25789337 E-mail：hkcite@biznetvigator.com ／ 馬新發行所 城邦（馬新）出版集團 Cite (M) Sdn Bhd
41, Jalan Radin Anum, Bandar Baru Sri Petaling,57000 Kuala Lumpur, Malaysia. 電話：(603) 90578822
傳真：(603) 90576622 E-mail：cite@cite.com.my ／ 客戶服務中心 地址：10483 台北市中山區民生東路二段
141 號 B1 服務電話：（02）2500-7718、（02）2500-7719 服務時間：周一至周五 9：30～18：00
24 小時傳真專線：（02）2500-1990～3 E-mail：service@readingclub.com.tw ／ 印刷 凱林彩印股份有限公
司 2018 年（民 107）4 月 Printed in Taiwan ／ 定價 350 元

※ 詢問書籍問題前，請註明您所購買的書名及書號，以及在哪一頁有問題，以便我們能加快處理速度為您服務。

※ 我們的回答範圍，恕僅限書籍本身問題及內容撰寫不清楚的地方，關於軟體、硬體本身的問題及衍生的操作
　狀況，請向原廠商洽詢處理。

※ 廠商合作、作者投稿、讀者意見回饋，請至：
　FB 粉絲團·http://www.facebook.com/InnoFair
　Email 信箱·ifbook@hmg.com.tw

若書籍外觀有破損、缺頁、裝訂錯誤等不完整現象，想要換書、退書，或您有大量購書的需求服務，都請與客
服中心聯繫。

沖繩 南國散策

おきなわだいすき ☺

在地秘境 × 海島慢活風格、一訪再訪的自遊休日提案。

（ 請 沿 此 虛 線 摺 疊 ）

創意市集
INNO-FAIR

沖繩南國散策

在地秘境 × 海島慢活風格、一訪再訪的自遊休日提案

**10483 台北市中山區民生東路
二段 141 號 7 樓
創意市集抽獎活動小組** 收

精選超值好禮！

CENTURION 行李箱（市價 12800 元）

（名額 3 名）

沖繩 南國散策

おきなわだいすき ☺

在地秘境 × 海島慢活風格、
一訪再訪的自遊休日提案。